法学案例系列教材

中国传统法典精要及案例

主　编：于语和

副主编：王胜利　闫　夏

南开大学出版社

天　津

图书在版编目(CIP)数据

中国传统法典精要及案例 / 于语和主编. —天津：
南开大学出版社，2021.1
法学案例系列教材
ISBN 978-7-310-05934-8

Ⅰ.①中… Ⅱ.①于… Ⅲ.①法典－案例－中国－古
代－高等学校－教材 Ⅳ.①D929.2

中国版本图书馆 CIP 数据核字(2020)第 061574 号

中国传统法典精要及案例
ZHONGGUO CHUANTONG FADIAN JINGYAO JI ANLI

南开大学出版社出版发行
出版人：陈　敬
地址：天津市南开区卫津路 94 号　　邮政编码：300071
营销部电话：(022)23508339　营销部传真：(022)23508542
http://www.nkup.com.cn

北京明恒达印务有限公司印刷　全国各地新华书店经销
2021 年 1 月第 1 版　2021 年 1 月第 1 次印刷
260×185 毫米　16 开本　8 印张　157 千字
定价：29.00 元

如遇图书印装质量问题，请与本社营销部联系调换，电话：(022)23508339

前　言

　　法学作为一门知识体系，从诞生距今已有几千年的历史。如果提出问题："在法学的历史长河中，究竟是通过哪个载体的传播使其区别于其他学科门类，让其始终保持法学内在的知识特质？"或许，一个较为具有说服力的回答就是法典。在早期的法学研究中，有关法典的研究是被忽略的。一方面，是由于史料的有限性，让从事法学研究的知识群体难以客观地把握历史上法的真实样态，对于究竟有没有法典以及到底什么样的规范和习惯汇编才是法典，难以达成较为一致的意见。既然如此，从事法学研究，只去研究规范和习惯本身，避免谈及古代意义上的法典问题就会显得较为拘谨。另一方面，法典的发现需要考古技术的支持，在考古学还未发展成为一套专业的技术知识的时代，人们对于发生于自己时代之前的一切历史现象，包括法律现象在内，都只能采用神话叙事抑或文学叙事的方式来想象。这也是为什么世界范围内的很多法典的发现，与偶然性之间的关联大于与必然性之间的关联的原因之所在。但是，法典被忽略并不表示法典对于法学乃至社会发展没有意义，相反，透过法典我们不仅可以了解特定时代的人们的法律观念、思维、技术，还可把握特定时代的人们对于该时代的社会、文化、政治、经济的理解程度。职是之故，我们可以说，法典是一把打开神秘的历史大门的钥匙。了解法典，就是在了解法学的发展史，了解人类的发展史。

　　与西方法学发展的路径不同，中国古代法学在其发展过程中，始终缺乏稳定的从事法学知识生产的专业群体。不过，不容否认的是，从权力结构自身的稳定性视角出发，中国古代官方对于编纂法典以定纷止争的意愿始终比较强烈。按照学界通说，中国古代的法典编纂始于春秋战国时期[①]。公元前 5 世纪，魏国相国李悝编撰了《法经》，虽说我们对其真伪至今还存在争议[②]，但学界还是普遍承认其开启了中国古代法学发展史上有关法典编纂运动的先河。李悝当时编纂《法经》的动机固然有着实现自己的政治抱负的成分，但可能他自己也没有想到，其编纂活动也给后世中国法典的历史沿革带来了积极的影响。比如，《法经》以罪名为中心，将盗、贼等类型的犯罪借由"具法"来详细规制，这种编纂理念与技术很快便被秦代统治者所借鉴。秦始皇统一六国后，不仅建构了统一的中央集权制国家，还积极编纂法典，旨在稳定和维护社会秩序，推行以权力行使和国家发展为中心的各项改革措施。在

---

　　① 青锋，等. 法律编纂研究[C]. 北京：中国法制出版社，2005：101.

　　② 何勤华. 中国法学史（第一卷·修订版）[M]. 北京：法律出版社，2006：66-78.

法典编纂过程中，一方面，统治者大量借用《法经》中诸多有关罪名及定罪标准的规定来保障立法活动的顺利展开；另一方面，结合秦代特定的社会、经济与文化背景，不断在《法经》的基础上尝试技术与条文创新。凡此实践，导致的最终结果是有秦一代法律条文的繁复："秦法繁于秋荼，而网密于凝脂"①。从李悝编纂《法经》到秦代大规模地在此基础上创制新法，法典的重要性不断凸显出来。需要注意的是，与李悝在编纂《法经》之初所秉持的立法理念不同，有秦一代更为强调立法目的与政权稳定之间的内在联系，以重视规范为特征的法，逐渐转变为重视惩治功能的律。遗憾的是，秦代法制过于严苛，致使其统治在历史上只维持了短短十五年。

进入汉代以后，无论是西汉，还是东汉，其都一如既往地保持着对法典编纂的热情，并积极地投诸实践。以《法经》和《秦律》为基础，两汉时期诞生了一大批法典，如《九章律》《越宫律》《朝律》等，这些法典在体例方面并未有多大的变化，只是在内容上涵盖很多的儒家伦理信条，法典编纂理念及内容安排从此时开始正式被贴上了儒家化标签。

相较于两汉时期政治总体平稳的局面，魏晋南北朝是一个特殊的时代，彼时军阀割据，战争此起彼伏，政局动荡，由两汉时代所施行的各种改革未能被继续贯彻，战争替代和平，如何辨清战争中的敌我问题以及如何借由有限的改革来为战争增加资本成了那个时代的主题。围绕这一主题，从曹魏政权开始，统治者的法典编纂就强调刑制的可适用性。《晋律》(《泰始律》)中有关刑制的规定虽以汉代的《九章律》为基础，但还是增添了许多符合当时特定经济、政治、社会与文化发展要求的新内容，不仅如此，《泰始律》开始注重条文的字数及条文与条文之间的逻辑，体现了法典编纂技术的进步。

进入隋唐时代，中国古代法典编纂也随之进入了最为鼎盛的时代，无论是立法理念、立法技术，还是从事立法事业的职业群体，相较之前都有了质的飞跃。在法典的体例上，逐渐克服了前代普遍存在的内容繁多的缺陷。以南北朝时期的《北齐律》为模板，十二篇的编纂体例正式被确定下来，构成了整个中国封建时代法典编纂的标志性体例。《唐律疏议》的编纂过程，充分地彰显了对前代法典编纂理念与技术的批判继承，在条文的表述与设计、条文的渊源、条文的可适用性等方面都达到了当时世界的最高水平。据史料记载，当时的周边邻国纷纷派出遣唐使，学习《唐律疏议》的编纂体例与技术，在其基础上制定适合自己地域文化的法典。比如，为我国学界众所周知的日本制定于8世纪上半叶的《大宝律》便基本沿袭了《唐律疏议》的体例与内容。从封建社会经济、文化、政治发展的鼎盛时期到封建时代在中华大地的结束，宋、元、明、清时代法典编纂基本均以《唐律疏议》为范本，坚持它的体例设置，鲜有太大变化。

---

① 引自桓宽.《盐铁论·刑德》。

　　从战国初年李悝编纂《法经》到公元 20 世纪初叶《大清律例》的废止，在长达 2500 多年的历史时光里，我国诞生了许多重要的法典，揆诸这一系列法典的演变史，我们不免对西方学界有关中国古代没有法律，中国古代即使存在法律，但也因缺乏知识的分类与传播技术而不能让其有效地流传下来，中国古代人的法学世界观与思维观之所以不能系统地形成，很大程度上是因为缺乏对法典编纂的重视等观点重新予以批评性的审视①。从前文对中国古代法典体例的简要介绍中，我们可以清晰地看到，在历史的长河中，无论法典的体例怎样发展变化，中国古代法典的编纂与西方古代法典的编纂都围绕着一个共同的目标：建构稳定的社会秩序，从而保持权力的延续性。从这一意义层面来看，我们难以对中国古代法典与西方古代法典究竟孰优孰劣做出一个量化的对比。然而，我们可以说，中国古代法典的编纂过程体现的是中华民族的传统智慧，其历史沿革具有时代的政治与文化性等特点。

　　中国古代法典的专门研究，对于我们把握中国法制史的发展进程是极其重要的。中国古代法制经历了一个漫长的发展过程，相较于在此过程中诞生的一些具体的法律条文或立法理念，成文法典具有更重要的承载历史文化的价值功能。通过对法典的介绍与分析，我们可以了解某一特定历史时期人们的法学观，我们可以看到特定历史时期的人们对于刑罚的标准选择、官方借用成文法来裁决纠纷可能会达到的社会效果等。法典的沿革，从形式上看似是法典内容、体系、技术的变迁，实质上是中国法史文化义理的演进过程。因此，研究法典的沿革，就是在研究中国法制的发展史，对于我们从根本上把握中国法制史的文化特质具有重要意义。只是，由于资料有限加上研究者自身能力的局限，我们纵然有着想要完整清晰地展现中国传统法典的抱负，却难以全部实现。我们所期待或者说能做的是，尝试以精练的语言、可信的史料为基础客观呈现中国传统法典的大致样态，以为学界的其他法学问题研究提供基础材料。与此同时，为了深化对传统法典和法律现实运作的了解，我们在每一个时代精选了一些案例，并对其进行简要的解读和评析，加深读者对传统法律文化的认识。

---

① 何勤华. 西方法学观在近代中国的传播[J]. 法学，2004（12）：3-16.

目　录

第一章 《法经》

第一节 《法经》的产生及流传

一、《法经》产生的历史背景

《法经》产生于公元前 5 世纪，是李悝为魏文侯师时编纂的。据史书记载，李悝相魏"竭股肱之力，领理百官，辑穆万民，使其君生无废事，死无遗忧①；相魏文侯，富国强兵"②。由此可见，著《法经》是身为法家代表人物的李悝在魏国实行变法改革的措施之一，其目的是使其君主"生无废事，死无遗忧"。从其内容上看，《法经》的指导思想就是"王者之政，莫急于盗贼"③。再结合《法经》在《杂律》中对于"逾制"等罪名的规定，可以看出《法经》反映了当时的贵族及新兴封建士大夫加强和维护其统治地位的意志。

李悝虽然是法家的早期代表人物，但是其老师却是孔子的嫡传弟子子夏。在孔子的弟子之中，子夏精于"务外之学"，是"务外派"的代表人物，其思想核心主要是"重礼"和"博学"。李悝虽然跳出了其师的儒家门墙，却还是继承了其师的"重礼"思想。《法经》在废除世卿世禄的同时，又正式确认了与封建等级相适应的权利和义务关系，宣布"大夫之家有侯物"，是"逾制"，"自一以上者诛"，从而表现了封建等级制度的森严。此外，"丞相受金，左右伏诛"，也是保护特权者的一项具体规定。按董说注云"刑不上大夫，故诛左右"。以上种种无不反映了李悝在立法时思想仍深受儒学的影响。

《法经》产生于战国初期，正是中国由奴隶制社会向封建制社会转型时期，可以认定《法经》及《法经》所代表的法律文化是建立在新兴的封建的自然经济基础上的，其内容受封建的自然经济关系所制约④。

---

① 引自刘安.《淮南子·泰族训》。
② 引自班固.《汉书·艺文志》。
③ 引自房玄龄.《晋书·刑法志》。
④ 于语和，董跃.《法经》与《十二铜表法》之比较研究[J]. 南开学报，2000（4）：90.

二、《法经》的流传

　　根据现有文献，最早提到《法经》的史料是由《晋书·刑法志》记录下来的三国时期陈群、刘劭等人撰写的《魏律·序》，其中有这样的描述："旧律因秦《法经》，就增三篇，而《具律》不移，因在第六。"《晋书·刑法志》对《法经》有更加确切的说明："是时（指魏明帝制定魏新律之前）承用秦汉旧律，其文起自魏文侯师李悝，悝撰次诸国法，著《法经》。魏文侯师李悝著法经，以为王者之政，莫急于盗、贼。故其律始于《盗》《贼》。盗贼需劾捕，故著《囚》《捕》二篇。其轻狡、越城、博戏、假借、不廉、淫侈、逾制为《杂律》一篇。又以《具律》具其加减，所著六篇而已。卫鞅受之，入相于秦。是以秦、魏二国，深文峻法相近。"①随后《唐律疏议》中也有比较详细的叙述："魏文侯师于李悝，集诸国法典，造《法经》六篇。"《唐六典》注中也有类似的论述。至明末，董说在其编著的《七国考》的《魏刑法》一篇中，引用了东汉桓谭《新论》中关于《法经》的一段论述，对《法经》做了更加详细的阐述。《正律》略曰："杀人者诛，籍其家，及其妻氏。杀二人，及其母氏。大盗戍为守卒，重则诛。窥宫者膑。拾遗者刖，曰为盗心焉。"其《杂律》略曰："夫有一妻二妾，其刑膩；夫有二妻则诛；妻有外夫，则宫，曰：淫禁。盗符者诛，籍其家。盗玺者诛。议国法令者诛（一作法禁），籍其家，及其妻氏，曰狡禁。越城，一人则诛，自十人以上夷其乡及族，曰城禁。博戏罚金三市。太子博戏则笞，不止则特笞，不止则更立。曰嬉禁。群相居一日以上则问。三日四日五日则诛。曰徒禁。丞相受金，左右伏诛。犀首以下受金则诛。金自镒以下罚不诛也。曰金禁。大夫之家有侯物，自一以上者族。"其《减律》略曰："罪人年十五以下，罪高三减，罪卑一减。年六十以上，小罪情减，大罪理减。自武侯以下，守为口法矣。"自此之后，战国时代魏文侯师李悝著《法经》，被大多数学者所认可。

　　但是，对于《法经》是否存在及有关《法经》材料的真伪，始终有学者有疑义，认为李悝所著《法经》，在战国时代的法家著作及《史记》《汉书》中都未提及，而且董说在《七国考》中所引的桓谭《新论》在南宋时就已散佚。因此怀疑《法经》是后人的伪作。对此，我国的一些学者，发表了一系列文章系统地论证了《法经》真实存在。其中何勤华教授的观点颇具代表性，他在总结以往学者研究成果的基础上提出："对于流传下来的文献史料，只要没有明确的证据证明其是伪造的，一般都应认可其真实性，对《法经》亦应如此。"②

---

① 邱汉平. 历代刑法志[M]. 北京：群众出版社，1988：46.
② 何勤华.《法经》新考[J]. 法学，1998（2）：17.

第二节 《法经》的体例及其主要内容

一、《法经》的体例

由于古代典籍对《法经》大多数是转述式或概括式的只言片语，因此今人已无法得窥《法经》的全貌。不过从现存材料中，我们还是能了解《法经》的大体结构和基本内容的。从董说的引文来看，《法经》分为"正律""杂律"和"具律"三部分。其中"正律"又含"盗""贼""囚""捕"四篇。由于李悝认为"王者之政，莫急于盗贼"，故《法经》始于《盗》《贼》。"盗"主要指对财产的侵犯，"贼"主要是指对人身的侵犯。《囚》《捕》相当于唐律中的《断狱律》《捕亡律》，主要是一些关于刑事诉讼程序的规定。《杂律》主要内容是维护封建等级制度和统治秩序的。《具律》则是根据具体情节有关加重或减轻刑罚的规定。总的来看，《法经》是一部诸法合体而以刑为主的刑法和刑事诉讼法法典。

根据内容和篇幅，《法经》形成以下六大体系：

《盗法》是涉及公私财产受到侵犯的法律；

《贼法》是有关危及政权稳定和人身安全的法律；

《囚法》是有关审判、断狱的法律；

《捕法》是有关追捕罪犯的法律；

《杂法》是有关处罚狡诈、越城、赌博、贪污、淫乱等行为的法律；

《具法》是规定定罪量刑的通例与原则的法律，相当于现代刑法典的总则部分。其他五篇为"罪名之制"，相当于现代刑法典的分则部分。

二、《法经》的主要内容

《法经》的内容有六篇，即《盗法》《贼法》《网（囚）法》《捕法》《杂法》《具法》。"盗"是指窃取财货，"贼"是指对人身的侵犯，也包括犯上作乱。有财货怕被人窃取，当然是地主阶级为多。侵犯人身，甚至犯上作乱，是对社会秩序的扰乱，这都是统治阶级所大防的。由此两篇法律可以看出，李悝的《法经》是维护地主阶级利益，以巩固封建统治秩序为出发点的。《网法》，即囚法，是为了囚捕盗贼而设的，即"盗贼需劾捕，故著《网》《捕》二篇"。据《唐律疏议》记载，《囚法》讲的"断狱"，即审断罪案的法律，《捕法》是有关"捕亡"，即追捕逃亡的法律。

据《晋书·刑法志》记载，《杂法》是包括对"轻狡、越城、博戏、借假、不廉、淫侈、逾制等七种违法行为的惩罚"。"轻狡"是指轻狂狡诈的行为，"越城"是指不从城门进入而翻越城墙出入城。《韩非子·外储说左下》载，梁车为邺令，其姐前去看他，至邺天晚城门闭，"因逾郭而入，车遂刖其足"。梁车姐"逾郭"即翻郭城墙而入，她的弟弟以为犯禁而被刑。"博戏"即聚众赌博。"借假"指男子寄宿于女子家，或称为"妻有外夫"。"不廉"指贪财受贿。"淫侈"指荒淫奢侈的行为。"逾制"指器用超过了规定的封建等级制度。这些规定是为维护封建秩序而设立的。《具法》是"以其律具为加减"，即根据犯罪情节和年龄情况，对判罪定刑加重或减轻的规定。

第三节　《法经》的历史地位

《法经》作为历史上第一部比较系统、完整的封建成文法典，在中国封建立法史上具有重要的历史地位。

首先，《法经》是战国时期政治变革的重要成果，也是这一时期封建立法的典型代表和全面总结。《法经》作为李悝变法的重要内容，也是对这一时期社会变革的肯定。

其次，《法经》的体例和内容，为后世成文法典的编纂奠定了重要基础。《法经》被公认为是中国历史上第一部比较系统的封建成文法典，它的内容思想在其后的诸部封建法典中得到继承。在李悝之后，法家另一代表人物商鞅对《法经》采取全盘接受的态度。董说在《七国考》中引东汉桓谭《新论》称，"卫鞅受之（《法经》），入相于秦。是以秦魏二国，深文峻法相近。"《唐律疏议》中也有"商鞅传授，改法为律"的说法。可见，《法经》的精髓都已移植到秦国法律中去。而汉《九章律》，则是在《秦律》的基础上"加悝所造户、兴、厩三篇，谓九章之律"。此后的《魏律》《晋律》乃至《唐律疏议》虽然篇目增加，体例更加规范，但是始终是在《法经》的基础上发展，可以说它们都是一脉相承的。

最后，《法经》是维护封建国家的统治秩序、保护封建地主阶级利益的第一部成文法典。它维护封建制的政治统治，严惩盗符、越城、群相居等犯罪行为；它维护地主阶级的私有财产，严惩"大盗"等犯罪行为；它维护封建等级秩序，在反对旧特权的同时，建立了新特权法律制度；它维护封建的社会秩序，重点打击人民的反抗行为，体现《法经》的基本精神是"王者之政莫急于盗贼"。

第二章 秦代法典精要及案例

第一节 秦代法典编纂情况概述

一、秦代主要立法思想

秦代是我国历史上第一个统一的、中央集权的封建王朝，秦代法律制度对于后来的汉代、唐代以至两千多年的封建法制都有着极其深远的影响。

秦王朝法律思想的理论体系基本是韩非的，但具体内容的实施和完成者主要应是秦始皇与李斯两人。①秦王朝的法律思想主要内容如下：

（一）"事统上法""法令由一统"

秦王朝建立之后，在法律思想上，首先实行"事皆决于法"的"法治"思想。秦王朝中央集权制的实质，是韩非子所说的"事在四方，要在中央；圣人执要，四方来效"②。为了使严刑峻法治理国家在理论与观念上合法化，秦始皇在推崇法家学说的同时，也利用阴阳五行家的"五德终始"说，作为实行法治的理论根据，并由此推知，秦得"水德"，水属阴，阴主刑杀，故秦王朝刻薄寡恩及"急法"正合乎"水德"之要求。

根据"事统上法""法令由一统"的原则，秦王朝统治者在秦国原有法律的基础上，加以修订、补充，制定了统一的法律，并颁行全国。

（二）"事皆决于法"的"法治"思想

秦王朝作为中国历史上第一个统一的专制主义封建王朝，其法律的制定更加强调封建统治权特别是最高封建统治者权力的强化，并加重对农民阶级的管控与统治。在这种思想之上，秦王朝制定了各种法律，在政治、军事、农业和手工业生产、市场管理、货币流通、交通、行政管理、官吏任命、案件审理等方面，都拥有较为完备的法律规定，这从历史文献记载以及有关秦代出土简牍所载内容中足以证明。

---

① 贺润坤. 论秦王朝的法律思想[J]. 秦文化论丛，2003（1）：23.
② 引自韩非.《韩非子·扬权》。

（三）严刑峻法，"深督轻罪"

秦王朝统治者是先秦法家思想的继承者和实践者，在以法治国这个思想前提下，以商鞅为首的重法派思想在秦国的统治实践中得到实施并且取得了富国强兵的显著效果，严刑统治的思想无疑被秦统治者奉为金科玉律。在重刑思想的论述中，商鞅和韩非是两个重要人物，而崇尚暴力是其突出特点。秦王朝统治集团积极实施战国时期法家的重刑思想，与商鞅在秦国尚处于战争年代的重刑思想与实施程度相比，秦王朝将重刑思想更加极端化，而且在实施的对象、范围与程度上更加广泛、具体、严酷。其表现在重刑思想及实施方面的言行，就明显带有不计后果的极端性特点。在此指导思想下制定的法律及法律实施过程中的法外加刑，使其刑罚较法律规定更为严厉。

（四）"以法为教"的文化专制思想

秦王朝的文化专制思想，其渊源是极端君主专制思想对文化思想统治的必然要求，统一的封建国家在有关国家大政方针层面既要求政治、军事、经济等指导思想的统一，也要求文化思想领域的相对统一。

二、秦代主要立法活动

公元前 221 年，秦刚刚统一中国，就已经具备了较为完整的法律制度，这从"事皆决于法"①的记载中可以得到证明。秦王朝的法律是继承统一前秦国法律而来，而秦国系统的封建成文法，则创始于公元前 4 世纪的商鞅变法时代，"魏文侯师李悝，集诸国刑书，造《法经》六篇，商鞅传之，改法为律，以相秦"②。李悝的《法经》原为"一盗法、二贼法、三囚法、四捕法、五杂法、六具法"③，商鞅改法为律后，就成为"盗""贼"等六律，但这仅是初期的、原始的规模，自变法开始前就已突破原来"六律"的范围。如公元前 359 年，商鞅同甘龙、杜挚在秦孝公面前辩论后，就有"垦草令"④发布，后又陆续发布"明尊卑爵制""开阡陌封疆"以及鼓励耕战等法令⑤，这些显然都不属于"六律"范围。正如恩格斯在《路德维希·费尔巴哈与德国古典哲学的终结》所言："因为私法本质上只是确认单个人之间的现存的、在一定情况下是正常的经济关系。"随着封建生产关系的建立和发展，统治阶级必定要以法律的形式将封建经济关系确立下来，因此就有不少法律条令不断地被制定和颁布出来。商鞅死后，"秦法未败"⑥，原来的法律仍然有效，并不断地制定出新的法

① 引自司马迁.《史记·秦始皇本纪》。
② 引自张说等.《唐六典》。
③ 引自长孙无忌等.《唐律疏义·序》。
④ 引自商鞅.《商君书·垦令》。
⑤ 引自司马迁.《史记·商君列传》。
⑥ 引自韩非.《韩非子·定法》。

令。这个立法过程到秦统一中国以前一直在进行着，云梦秦简中的法律文书就有这样一条：“可（何）谓甸人？甸人守孝公、献公家者殹（也）。”①文中提到的献公，即秦孝公之父秦献公。这里举“先君”名，仅至孝公止，以下便不提，可知此律最迟制于孝公之子惠文王之时，而绝不于惠文王之后。

以上律文表明，自商鞅变法开始，至秦统一中国之前，秦的立法活动在不断进行着。秦统一以后，“法令由一统”“一法度”②，即全国各地皆统一于秦法。云梦秦简的法律文书，虽为秦统一以前所创制，但也是统一后继续实行的。因此，研究秦的法律制度，绝不能把统一前后截然分开，而应将云梦秦简作为重要根据。

封建时代法权的基本渊源是皇帝的诏令，秦也不例外。从秦孝公至秦始皇都十分强调以法律的形式巩固封建秩序，“皇帝临位，作制明法，臣下修饬”③。不过，秦始终维持着“缘法而治”④的传统，法令一经公布，包括国君在内的任何人均不得任意改动。《韩非子》记载的一件事，足以说明这个问题：

秦昭王生病，有百姓私下里为之祷告。“王曰：‘……夫非令而擅祷，是爱寡人也。夫爱寡人，寡人亦改法而且心与之相循者，是法不立，法不立，乱亡之道也。不如人罚二甲，而复与为治’。”

从上述材料中可看出，就连秦昭王也不能擅自破坏法制，所以章太炎有云：“秦制本商鞅，其君亦世守法”⑤。秦君带头守法，这是“秦民皆趋令”⑥的重要原因之一。

秦的法律共有四种形式：法律条文、对律文的解释，地方政权发布的文告和关于审理案件准则和法律文书程式的规定。

（一）法律条文

在云梦秦简的法律文书中，尚存有《田律》六条、《厩苑律》三条、《金布律》十五条、《关市律》一条、《仓律》二十六条、《工律》五条、《工人程》四条、《均工》三条、《徭律》一条、《司空律》十三条、《军爵律》二条、《置吏律》三条、《效律》二十六条、《传食律》三条、《内史杂》十条、《尉杂》一条、《行书》二条、《邦属》一条。⑦此外，还有《除吏律》《游士律》《除弟子律》《中劳律》《藏律》《公车司马律》《牛羊课》《傅律》《敦表律》等。⑧现仅存律目者有《戍律》《捕盗律》⑨《厩律》

---

① 《睡虎地秦墓竹简·法律答问》。

② 引自司马迁.《史记·秦始皇本纪》。

③ 泰山刻石。

④ 引自商鞅.《商君书·君臣》。

⑤ 引自章炳麟.《秦政记》。

⑥ 引自司马迁.《史记·商君列传》。

⑦ 睡虎地秦墓竹简。

⑧ 睡虎地秦墓竹简·秦律杂抄。

⑨ 睡虎地秦墓竹简·秦律杂抄。

①等。秦简以外还有《挟书律》②等。正如梁启超所说，"古代所有权制度未确立，婚姻从其习惯，故所谓民事诉讼者殆甚稀，有讼皆刑事也。"③上述秦律都属刑法或与刑法有关，但是有些法令也具有民法、经济法和行政法的性质。这是秦国法律的主干，是由国家颁布的、具有最高法律效力的成文法。

（二）对律文的解释

统一前的秦国就规定，朝廷和地方郡县均设主管法令的官吏，其他官吏和人民若想了解法令都可向其询问，而其必须给予明确回答，同时还要将问答的内容写在一尺六寸长的"符"上。符的左片给予询法者，右片则"以室藏之，封以法令之长印，即后有物故，以卷书从事"④。在云梦秦简中发现的《法律答问》就属于这种性质的法律文书。《法律答问》与律文本身具有同等法律效力。因为"答问"的范围已超出律文本身，所以它是律文的重要补充，如"甲小未盈六尺，有马一匹，自牧之，今马为人败，食人稼一石，问当论不当？不当论得尝（偿）稼"。显然，这里举的案例，就成为以后判案的一种根据，其作用类似汉代的"比"⑤。

（三）地方政权发布的文告

除中央政权统一制定的法令外，地方郡一级的政权也可根据朝廷的法令制定本地区相应的法令和文件，作为统一法令的补充，如南郡守腾就"修法律令、田令，及为间私方而下之"⑥。由地方政权发布的申明法令的补充文件称为"间方"。《南郡守腾文书》就属于这一类性质的法律文书。这种法律文书在限定的地区也具有同样法律效力。

（四）关于审理案件准则和法律文书程式的规定

这是由朝廷统一发布的类似后来行政法和诉讼法的有关法令，如《治狱程式》规定了"讯狱"的要求，以及案件记录——"爰书"的格式等。

从以上四种形式可以看出，秦代法律虽不像汉代的"科""比""例"⑦和唐代的"律""令""格""式"有那样整齐、明确的法律形式，但已初具雏形，成为中国封建法律的最初形式。

---

① 睡虎地秦墓竹简·内史杂。

② 引自班固.《汉书·惠帝纪》。

③ 梁启超.《先秦政治思想史》。

④ 引自商鞅.《商君书·定分》。

⑤ 比，即以案例作为判案根据，类似于判例。据《汉书·刑法志》所载，高祖七年"诏延尉所不能决，谨具为奏，傅所当比律令以闻"，可见"比"的作用。

⑥ 睡虎地秦墓竹简·南郡守腾文书。

⑦ 引自班固.《汉书·刑法志》。

第二节　秦代主要法典

一、《秦律十八种》

发现于云梦睡虎地秦墓群第 11 号秦墓主躯干右侧的约 201 枚竹简,全部是秦的法律条文,而且每条律文末尾都注明了所属法律的篇名,约有《田律》《仓律》《厩苑律》《金布律》《置吏律》《军爵律》《传食律》《工律》《工人程》《徭律》《关市》《行书律》《效》《均工》《司空律》《内史杂律》《尉杂律》和《属邦律》等十八个律名。《秦墓竹简》一书称它为《秦律十八种》。

二、《法律答问》

湖北云梦睡虎地出土有关法律解释的秦简。共 210 枚竹简。《法律答问》是以问答形式对秦律某些条文的精神实质和名词术语所做的解释。《法律答问》所解释的是秦律主体部分,即刑法;所引用的某些律文的形式年代较早,很可能是商鞅变法时制定的律文。商鞅是以李悝的《法经》为蓝本制定秦律的,《法律答问》解释的范围大体上与《法经》六篇,即盗、贼、囚、捕、杂、具相符。《法律答问》多处以"廷行事",即判案成例作为解答的依据,说明在司法中适用判例已经成为一种制度。除刑法实体内容外,还有对诉讼程序的说明,如"辞者辞廷"(诉讼者向廷诉讼)、"州告"(周告,告不实,又以他事告)、"公室告"(危害社会的犯罪)、"非公室告"(家庭内部的侵害)等,是研究秦代刑事诉讼制度的重要资料。秦自商鞅变法,加强中央集权和统一法令,可以肯定《法律答问》是中央对法律的解释,具有统一的法律效力,是研究秦代刑法制度的重要史料。《法律答问》是我国法律解释学史上的开山之作,它对秦律某些条文、术语以及律文的意图做出解释,为后代的法律解释提供了丰富而宝贵的经验,为我国法律解释学的发展奠定了坚实基础。

从实用角度山发,《法律答问》可看作对秦律在司法实践中所做的解释,在答问中有不少地方采用了判案成例作比照的办法来作答,这正体现了司法头践中法律解释的操作性特点[①]。

从《法律答问》的内容看,主要涉及以下几方面:①对刑罚适用的解释。如根据行盗人数和所盗财物的多少,处以"斩左趾""黥以为城旦""黥劓以为城旦"等

---

① 张伯元.《秦简·法律答问》与秦代法律解释[J]. 华东政法学院学报, 1993 (3): 57.

不同的刑罚。这些不同的刑罚类似于后代的"刑等"。②明确罪名是判罪依据。针对丈夫盗钱、其妻藏匿的行为所定的罪有"盗"（盗窃罪）、"收"（收赃罪）、"守赃"（守赃罪）等。③明确犯罪动机是量刑依据。在法律解释中区分犯罪人主观上的故意和过失，是秦律刑罚适用原则之一，它既给予司法以灵活掌握的量刑范围，又要求将动机与罪证相结合做出明确的相应处断。①

《法律答问》用了五种行之有效的解释方式：①问答。这种方式更贴近实际，更容易被接受，理解起来也较容易。②判例比照。用"廷行事"作比照，判例可以作为法律的补充，与法律具有同等效力。③举例。采用假设、举例的方法做具体说明。④比较。根据具体情况从不同角度比较，横向比较、纵向比较、相互比较等。⑤"或曰"。如问"甲有完城旦罪，未断，今甲疠，问甲何以论？"意思是甲犯有应处完城旦的罪，判决未下，甲患了麻风病，该如何处断甲？在回答中列出了两种不同的理解，一是说"当迁疠所处之"，该将他迁徙到麻风病隔离区居住；另一说（或曰）是"当迁迁所定杀"，该将他迁徙到麻风病隔离区去淹死。

《法律答问》的作者是谁，目前仍无法考证。从内容上看，其不应是私人对法律的任意解释，学界更倾向是官方机构所做的司法解释。秦人采用这种答问形式对法律进行解释，可以看作一个创举。

三、秦代其他法典

云梦秦简中还包括《封诊式》《为吏之道》等法典。

第三节　《云梦秦简》

一、《云梦秦简》概述

云梦秦简，又称睡虎地秦简、睡虎地秦墓竹简，是指 1975 年 12 月在湖北省云梦县睡虎地秦墓中出土的大量竹简，这些竹简长 23.1～27.8 厘米，宽 0.5～0.8 厘米，内文为墨书秦篆，写于战国晚期及秦始皇时期，内容主要是秦朝时的法律制度、行政文书、医学著作以及关于吉凶时日的占书，反映了从商鞅变法到秦统一全国这一时期政治、军事、经济、文化各方面的内容，在全国属首次发现。睡虎地秦简的出土，为研究战国时的秦国和秦朝的政治、法律、经济、文化、医学等方面的历史提

---

① 张伯元.《秦简·法律答问》与秦代法律解释[J]. 华东政法学院学报，1993（3）：57.

供了翔实的资料，具有十分重要的学术价值。1999 年，云梦秦简被国家文物局列为中华人民共和国成立五十周年全国十大考古发现之一。

睡虎地秦墓竹简共 1155 枚，残片 80 枚，分类整理为十部分内容，包括《秦律十八种》《效律》《秦律杂抄》《法律答问》《封诊式》《编年记》《语书》《为吏之道》、甲种与乙种《日书》。其中《语书》《效律》《封诊式》《日书》为原书标题，其他均为后人整理拟定。

其中法律部分记载了秦代施行的二十几个单行法规的条款原文，共记载法条 600 条。时至今日，尚未见到完整的秦代法典，所见最多的法律条文也仅是睡虎地云梦竹简所载的一千多枚竹简记录的秦朝条文。

二、《云梦秦简》的主要内容

云梦秦简，包括如下几项重要内容①。

第一，《南郡守腾文书》，竹简原题《语书》。凡十四枚简文，发现于第十一号秦墓的人骨腹前下部。简文的开头有"二十年四月丙戌朔丁亥，南郡守腾谓县、道啬夫"的记载。从南郡设立的时间及朔闰去推算，这里的"二十年四月丙戌朔丁亥"，是指秦始皇二十年（公元前 227 年）四月初二。从内容来说，是秦的南郡郡守腾发布的文书，故定名为《南郡守腾文书》，简称《文书》，《秦墓竹简》一书正名为《语书》。

第二，《编年记》。共五十三枚简，发现于第十一号秦墓的人骨头部。它按编年的体例记载了上起秦昭王元年（公元前 306 年），下迄秦始皇三十年（公元前 217 年）间军政大事及一个名叫"喜"的地方官从出生到从军、为吏的经历。据云梦秦简整理小组研究及有关部门对该墓墓主人骨的鉴定，认为简文中提到的"喜"，就是墓主的名字；此人大约死于始皇三十年，故简文编年止于此年。由于这组秦简记载了秦的军政大事，故《秦墓竹简》一书定名为《编年记》。

第三，《为吏之道》。由五十一枚竹简组成，发现于第十一号秦墓的人骨腹前下部。内容讲的是做官吏的一些准则，由于简文开端有"凡为吏之道"一语，故定名为《为吏之道》。有人认为这是当时书籍的一种，有人认为是专门给官吏看的一篇近乎论文的文章。睡虎地秦墓竹简整理小组的同志认为其"是供学习做吏的人使用的识字课本"，从其行文格式判断，是属于"相"这种劳动者舂米时唱的曲调。不管看法如何不同，并不影响对这部分简文的理解。在它的末尾有注明为《魏户律》及《魏奔命律》的法律条文各一条，与《为吏之道》简文前后均不衔接，显然是抄写时滥入或附载于此作为秦律的补充。这两条魏国法律均有"廿五年闰再十二月丙午朔辛

---

① 高敏. 云梦秦简初探[M]. 郑州：河南人民出版社，1981：32.

亥"字样，有人据历朔推算，认为应是魏安釐王二十五年（公元前252年）颁布的法律，相当于秦昭王五十五年①。果如此，则《为吏之道》简文的撰写时间不会早于秦昭王五十五年。

第四，《秦律》。属于秦时法律令、解释法律令和治狱案例的简文共有五种类型。由于它们都和秦的法律有关，故总称为《秦律》。如果按其发现的部位不同来区分，则可分为四组：一是发现于第十一号秦墓主颈右的约二百一十枚竹简，其内容是关于秦的法律条文和有关术语的解释；二是发现于第十一号秦墓主躯干右侧的约二百零一枚竹简，全部是秦的法律条文，而且每条律文的末尾都注明了所属法律的篇名，约有《田律》《仓律》《厩苑律》《金布律》《置吏律》《军爵律》《传食律》《工律》《工人程》《徭律》《关市》《行书律》《效律》《均工》《司空律》《内史杂律》《尉杂律》和《属邦律》等十八个律名；三是发现于同墓墓主腹下部的一百零二枚竹简，也全部是法律条文，而且也有法律的篇名，如《除吏律》《除弟子律》《效律》《公车司马猎律》《藏律》《中劳律》《游士律》《捕盗律》《傅律》《戍律》《敦表律》及《牛羊课》等名目，其中的《效律》除内容上与第二组秦律的一部分有重复外，且《效律》的第一支简背面有"效"字；四是发现于墓主头骨右侧的九十八枚竹简，各条开端均有小题，如《治狱》《讯狱》《封守》《贼死》《迁子》《黥妾》《告子》等二十五个名目，有人认为是治狱的一些案例，但这部分简文的最后一枚反面，原题《封诊式》。上述四组秦律简文，如果按其性质区分，则可分为五种类型：第一种是有《田律》《厩苑律》《仓律》等十八个律名的简文，即上述第二组，《秦墓竹简》一书称其为《秦律十八种》。第二种为竹简背面有"效"字的法律简文，即上述第三组的一部分，凡六十枚简文，《秦墓竹简》一书称之为《效律》。第三种是上述第三组中的有律名的竹简，凡四十二枚简，《秦墓竹简》一书称其为《秦律杂抄》。第四种是解释性律文，也有人称它为《法律答问》，即上述第一组竹简。第五种是治狱案例，也有人称之为治狱格式，《秦墓竹简》一书根据其原题正名为《封诊式》，即上述第四组竹简。《文物》杂志发表《秦律》释文时，就是按照这五种律文的先后次序排列的，《秦墓竹简》一书也同此次序。

第五，木牍两件。均出土于云梦县睡虎地第四号秦墓中，一件约有200余字，另一件约有100余字，分别为参加戍守淮阳的兵士黑夫与惊写给家里的家信，发表于《文物》杂志1976年第9期，《秦墓竹简》一书未收入。

第六，《日书》等卜筮一类书籍。在第十一号秦墓中，还有这样两部分竹简：一部分发现于人骨足下，其中有一支竹简的背面有《日书》二字；另一部分发现于人骨头部右侧，内容与《日书》相似，竹简两面均有文字，还有一些图画。据《史记·日者列传·集解》云："古人占候卜筮，通谓之日者"，可见这种《日书》，即日

① 季勋. 云梦睡虎地秦简概述[J]. 文物，1976（5）：5-6.

者用以占卜之书。

上述各类竹简，共计 1155 枚，尚不包括残片 80 片。是第一次大批出土的秦简，是近年来我国考古的重大收获之一。

三、《云梦秦简》的价值

根据这批秦简，可以对秦代历史的若干重大问题获得诸多新的认识。例如，《南郡守腾文书》的出土，不仅有助于了解秦始皇时期的政治、军事斗争形势，也有助于了解秦的用人制度、县道并立的地方行政系统、县设啬夫的制度、郡守与县道啬夫的职权范围以及传递文书的制度等，还反映了从《田律》到《田令》的变化发展、区分"良吏""恶吏"的标准与意义等问题。又如《编年记》，它可以订正、补充与印证《史记·秦本纪》《六国年表》及有关《世家》《列传》关于秦的统一战争的若干年代、地区和具体经过，也可以印证与纠正前人对《史记》有关记载的解释，更可以从中看出秦的地方官制、徭役制度、历法、统一战争与反统一战争的斗争以及某些地名的历史沿革等，其史料价值不亚于《史记·六国年表》中关于秦的年表部分。至于《为吏之道》，则可以说明当时社会的风尚等问题。最为重要且内容最为丰富的，还是《秦律》，它不仅填补了李悝《法经》与商鞅《秦律》散佚以来的空缺，是研究法制史的重要史料；同时还是研究秦的不同社会集团及其相互关系的不可多得的材料。秦的官制、土地制度、徭役制度、赐爵制度、租税制度、官吏考核制度、罪犯审讯制度以及仓库管理、财经出纳等制度，也都在《秦律》中有明确而且较为详细的反映。此外，如当时的物价、城市制度、商品经济、社会风气、流行疾病等在其中也有所体现。特别值得一提的是，关于秦的刑名、刑罚、刑徒、刑期及隶臣妾的地位和来源及特征等，《秦律》也提供了充分的资料，对于了解秦的刑罚制度和奴隶制残余等问题有着重大意义。甚至还可以从《秦律》与现存《汉律》零星条文的比照中，看出秦与汉律的异同。至于第四号秦墓出土的木牍两件，反映了秦时服役者自备衣服的重大问题，也有关于物价、赐爵及钱币等方面的反映。此外，由于出土秦简的简文都是用毛笔墨写的秦隶字体，因此也是研究我国古代书写工具的考古学和研究古代文字演变的古文字学的极好的实证资料。总之，云梦出土的秦简具有重大的史料价值，其作用和意义与居延等地现已出土的汉简对汉代历史研究的作用和意义不相上下。因此，通过对它的研究，有利于打开我们的思路，扩大我们的视野，丰富我们的感性认识，从而获得新的启发，最终使得史学界在秦史的不同方面获得许多新的看法，同时使法学界对秦代法律的研究更加深入。

第四节 秦代经典案例

一、李斯被诬案

（一）案例原文

初，赵高为郎中令，所杀及报私怨众多，恐大臣入朝奏事毁恶之，乃说二世曰："天子所以贵者，但以闻声，群臣莫得见其面，故号曰'朕'。且陛下富于春秋，未必尽通诸事，今坐朝廷，谴举有不当者，则见短于大臣，非所以示神明于天下也。且陛下深拱禁中，与臣及侍中习法者待事，事来有以揆之。如此则大臣不敢奏疑事，天下称圣主矣。"二世用其计，乃不坐朝廷见大臣，居禁中。赵高常侍中用事，事皆决于赵高。

高闻李斯以为言，乃见丞相曰："关东群盗多，今上急益发繇，治阿房宫，聚狗马无用之物。臣欲谏，为位贱。此真君侯之事，君何不谏？"李斯曰："固也，吾欲言之久矣。今时上不坐朝廷，上居深宫，吾有所言者，不可传也，欲见无间。"赵高谓曰："君诚能谏，请为君侯上间语君。"于是赵高待二世方燕乐，妇女居前，使人告丞相："上方间，可奏事。"丞相至宫门上谒，如此者三。二世怒曰："吾常多间日，丞相不来。吾方燕私，丞相辄来请事。丞相岂少我哉？且固我哉？"赵高因曰："如此殆矣！夫沙丘之谋，丞相与焉。今陛下已立为帝，而丞相贵不益，此其意亦望裂地而王矣。且陛下不问臣，臣不敢言。丞相长男李由为三川守，楚盗陈胜等皆丞相傍县之子，以故楚盗公行，过三川，城守不肯击。高闻其文书相往来，未得其审，故未敢以闻。且丞相居外，权重于陛下。"二世以为然。欲案丞相，恐其不审，乃使人案验三川守与盗通状。李斯闻之。

是时二世在甘泉，方作觳抵优俳之观。李斯不得见，因上书言赵高之短。二世已前信赵高，恐李斯杀之，乃私告赵高。高曰："丞相所患者独高，高已死，丞相即欲为田常所为。"于是二世曰："其以李斯属郎中令！"

赵高案治李斯。李斯拘执束缚，居囹圄中，仰天而叹。于是二世乃使高案丞相狱，治罪，责斯与子由谋反状，皆收捕宗族宾客。赵高治斯，榜掠千余，不胜痛，自诬服。斯所以不死者，自负其辩，有功，实无反心，幸得上书自陈，幸二世之寤而赦之。李斯乃从狱中上书。

书上，赵高使吏弃去不奏，曰："囚安得上书！"

赵高使其客十余辈诈为御史、谒者、侍中，更往覆讯斯。斯更以其实对，辄使人复榜之。后二世使人验斯，斯以为如前，终不敢更言，辞服。奏当上，二世喜曰：

"微赵君，几为丞相所卖。"及二世所使案三川之守至，则项梁已击杀之。使者来，会丞相下吏，赵高皆妄为反辞。

二世二年七月，具斯五刑，论腰斩咸阳市。斯出狱，与其中子俱执，顾谓其中子曰："吾欲与若复牵黄犬，俱出上蔡东门逐狡兔，岂可得乎！"遂父子相哭，而夷三族。

李斯已死，二世拜赵高为中丞相，事无大小辄决于高。[①]

（二）案情解读

起初，赵高担任郎中令时，处死和陷害的人非常多，唯恐大臣们在入朝奏事时向二世揭露他，就劝说二世道："天子之所以尊贵，在于大臣只能听到他的声音，而不能看到他的面容，所以才自称为'朕'。况且陛下还很年轻，未必什么事情都懂，现在坐在朝廷上，若惩罚和奖励有不妥当的地方，就会把自己的短处暴露给大臣，就不能向天下人显示您的圣明了。陛下不妨深居宫中，与我等熟悉律令的侍中在一起，等待大臣把公事呈奏上来后，我们就可以研究决定。这样，大臣们就不敢把疑难的事情报上来，天下的人也就称您为圣明之主了。"二世听从了赵高的主意，便不再坐在朝堂上接见大臣，而深居宫禁之中。赵高总在皇帝身边侍奉办事，一切公务都由赵高决定。

赵高听说李斯对此有所不满，就找到李斯说："函谷关以东地区盗贼很多，而现在皇上却加紧遣发劳役修建阿房宫，搜集狗马等没用的玩物。我想劝谏，但我的地位卑贱。这实在是您丞相的事，为什么不劝谏呢？"李斯说："确实这样，我早就想说话了。可是现在皇帝不临朝听政，常居深宫之中，我虽然有话想说，又不便让别人传达，想见皇帝却又没有机会。"赵高对他说："您若真能劝谏的话，请允许我替你打听，只要皇上一有空闲，我立刻通知你。"于是赵高趁二世在闲居娱乐，美女在前的时候，派人告丞相说："皇上正有空闲，可以进宫奏事。"丞相李斯就到宫门求见，接连三次都是这样。二世非常生气地说："我平时空闲的日子很多，丞相都不来。每当我在寝室休息的时候，丞相就来请示奏事。丞相是瞧不起我呢？还是以为我鄙陋？"赵高又乘机说："您这样说话可太危险了！沙丘的密谋，丞相是参与了的。现在陛下您已即位皇帝，而丞相的地位却没有提高，显然他的意思是想割地封王呀！如果您不问我，我不敢说。丞相的大儿子李由担任三川郡守，楚地强盗陈胜等人都是丞相故乡邻县的人，因此他们才敢公开横行，经过三川时，李由只是守城而不出击。我曾听说他们之间有书信来往，但还没有调查清楚，所以没敢向陛下报告。更何况丞相在外，权力比陛下还大。"二世认为赵高的话没错，想惩办丞相，但又担心情况不实，就派人去调查三川郡守与盗贼勾结的具体情况。李斯知道了这个消息。

① 引自司马迁.《史记·李斯列传》。

当时二世正在甘泉宫观看摔跤和滑稽戏表演。李斯不能进见，就上书揭发赵高的短处。二世早已相信了赵高，担心李斯杀掉他，就暗中把这些话告诉了赵高。赵高说："丞相所忧虑的只有我赵高，我死之后，丞相就可以干田常所干的那些事了。"于是二世说："就把李斯交给你这郎中令查办吧！"

赵高查办李斯。李斯被捕并被套上刑具，关在监狱中，仰天长叹。二世派赵高审理丞相一案，对他加以惩处，查问李斯和其子李由谋反的情况，将其宾客和家族全部逮捕。赵高惩治李斯，拷打一千多下，李斯不能忍受痛苦的折磨，屈打成招。李斯之所以没有自杀而死，是因为他自诩能言善辩，又对秦国有大功，确实没有反叛之心，希望能够上书为自己辩护，希望二世能醒悟过来并赦免他。李斯于是在监狱中上书。

奏书呈上之后，赵高让狱吏丢在一边而不上报，说："囚犯怎能上书！"

赵高派他的门客十多人假扮成御史、谒者、侍中，轮流往复审问李斯。李斯改为以实对答时，赵高就让人再拷打他。后来二世派人去验证李斯的口供，李斯以为还和以前一样，终不敢再改口供，在供词上承认了自己的罪状。赵高把判决书呈给皇帝，二世很高兴地说："若没有赵君，我就被丞相出卖了。"等二世派的使者到达三川调查李由时，项梁已经将他杀死。使者返回时，正当李斯已被交付狱吏看押，赵高就编造了一整套李由谋反的罪状。

二世二年（公元前208年）七月，李斯被判处具五刑，在咸阳街市上腰斩。李斯出狱赴刑场时，跟他的次子一同被押解，他回头对次子说："我想和你再牵着黄狗一同出上蔡东门去打猎追逐狡兔，又怎能办得到呢！"于是父子二人相对痛哭。李斯父子被处死，并夷三族。

李斯死后，二世任命赵高为丞相，凡事皆由赵高决定。

（三）评析

李斯之死，并非中国历史上第一件冤狱，但却是史上最具影响的冤狱大案之一。李斯乃缔造秦帝国之功勋，多年担任宰相且为法家学派之大家。李斯冤案开中国政治性冤案之滥觞，被以后两千年间的暴君酷吏利用效仿，最主要的手段就是"诬以谋反"，对特定人物，如果不诬以谋反，难以彻底铲除。此等罪名，即便尊为宰相也无力承当。发展到最后，甚至出现强臣指控君王谋反的怪事，已然成为锐利的诛杀武器，对宰相可以使用，对君王同样可以，对普通臣民百姓更是肆意而为。

其次就是"苦刑拷打"，它不仅消灭肉体抵抗，还摧毁了人的尊严，继而出现了"攻破心防""自动招认""坦承不讳"等专业术语。李斯自恃他的忠心和辩才，可赵高又何尝不知道李斯的忠心！至于辩才，李斯的奏章即便到了秦二世面前，也不能救他一命。从奏章上看，秦王朝的建立，仿佛李斯居功至伟，那么置始皇帝于何地？封建专制政体下，天下唯有一个"领袖"。功归于上，或许还可自保；功归于己，纵在平时也会招祸，何况缧绁之中？李斯对官场之道如此生疏，多年宰相，可谓遗憾。即便不会激起反感，秦二世成见已深，岂会采信一个囚犯的一面之词？哪一个囚犯不喊冤枉？谁敢推翻案卷里调查所得的"确凿"证据？秦二世真想了解真相，何必派人复查，和李斯当面对质即可，由此可见二世皇帝之真意。

二、诬人盗又盗他人案

（一）案例原文

诬人□直（值）廿，未断，有（又）有它盗，直（值）百，乃后觉，当并臧（赃）以论，且行真罪、有（又）以诬人论？当赀二甲一盾。[①]

（二）案情解读

诬告他人盗窃值二十钱的东西，尚未判罪，本人又另犯盗窃罪，赃值一百钱，然后被察觉，应将两项赃值合并论处，还是判处实际盗窃的罪，再按诬告他人论处？应罚二甲一盾。

（三）评析

第一，本案是封建社会关于盗窃案的早期记载，体现了自《法经》以来统治者"王者之政莫急于贼盗"的法律思想。

第二，本案中所适用的赀刑包括赎刑，很多时候只对有产者有意义。秦代以后，类似的财产刑经常被适用，更多时候作为封建特权法的一个重要内容。随着封建专制集权的发展，有时候出于统治的需要会限制这种特权法的适用。

第三，从秦代开始，统一的专制主义中央集权的司法体制开始建立，自中央至地方形成了中央集权司法体系和上诉制度，本案充分体现了秦代司法机关的集权特点，这个特点一直持续到清代。

第四，秦律还规定了诬告反坐原则。从商鞅变法奖励告奸，告奸者与斩敌首同赏起，告奸之风盛行。为了防止因告奸而产生的诬陷，致使社会动荡不安，因此严惩诬告。不仅如此，被秦朝奉为统治思想的法家思想，一贯主张"罚当其罪"，诬告反坐的原则恰恰体现了这一思想，对后世影响深远。

三、隶臣妾逃亡自出案

（一）案例原文

隶臣妾击（系）城旦春，去亡，已奔，未论而自出，当治（笞）五十，备击（系）日。[②]

---

① 案例引自睡虎地秦墓竹简·法律答问。
② 案例引自睡虎地秦墓竹简·法律答问。

（二）案情解读

隶臣妾拘禁服城旦舂劳役，逃亡，已经出走，尚未论处而自首，应笞打五十，仍拘系直至满期。

（三）评析

本案是历史上早期适用自首从轻原则之例，秦代是实践法家重刑主义的朝代，保留了较多奴隶制刑罚的残余，但是积极适用财产刑和作刑，以代替毁伤罪犯肢体的肉刑，充分显示了封建生产关系的要求和法律文明的进步。

四、告子案

（一）案例原文

爰书①：某里士五（伍）甲告曰："甲亲子同里士五（伍）丙不孝，谒杀，敢告。"即令令史己往执。令史己爰书：与牢隶臣某执丙，得某室。丞某讯丙，辞曰："甲亲子，诚不孝甲所，毋（无）它坐罪。"②

（二）案情解读

爰书：某里士伍甲控告说，"甲的亲生子同里士伍丙不孝，请求处以死刑，谨告。"当即命令史己前往捉拿。令史己爰书：本人和牢隶臣某捉丙，在某家拿获。县丞某审讯丙，供称："是甲的亲生子，确实对甲不孝，没有其他过犯。"

（三）评析

战国后期的秦国奉行法家思想，儒家思想式微，然即便如此，不孝罪的规定也表明在秦代已经存在儒法合流的制度基础。一方面，不孝罪是历史的继承，日后不孝罪最终演绎为"十恶"之一；另一方面，无论是公事告和非公事告的规定，还是法律对父告子的支持，都是父权的强化，这对于日后封建家庭制度的儒家化起了重要作用。

---

① 爰书：战国、秦、汉时期司法机关通行的一种司法文书形式。其内容包括诉讼案件的诉辞、口供、证辞、现场勘查与法医检验记录及其他有关诉讼的情况或报告。

② 案例引自睡虎地秦墓竹简·封诊式。

第三章 汉代法典精要及案例

第一节 汉代法典编纂情况概述

汉朝继承和发展了秦朝未竟之事业，形成了稳固的政治、经济、文化大一统的封建国家。为了建设和维护大一统的封建帝国，汉统治者在指导思想上，由初期的黄老之学转向独尊儒术，外儒内法。这个指导思想一直持续到封建王朝的终结。[①]

汉代法律以维护统一、专制和集权为主线，由此强化了法律的功能。随着儒学作为封建统治思想地位的确立，儒学开始成为法制建设的指导思想。自汉朝以后，儒学支配下的法律文明是中华法制文明的主流。

西汉汉武帝时期"罢黜百家，独尊儒术"，在此背景下，董仲舒提倡以《春秋》经义决狱，得到了汉武帝的首肯。此后，汉代经学大儒纷纷以儒学经典解释现行法律。他们聚徒讲学、子孙相传，形成了叔孙宣、郭令卿、马融、郑玄等十余家诸说并存的局面。由私家释律而造成的律学兴旺，是汉代法制文明的突出特点。

此外，汉文景二帝之废肉刑、秋冬行刑的制度建设和录囚的实施，也都标志着汉代法制文明的发展。

一、汉代的主要法律思想[②]

（一）黄老之学成为汉初治国的核心方略

中国法制的历史发展至汉代进入了一个重要时期。法律形式逐渐稳定与定型，司法系统进一步确立，而且呈现程序化、制度化。特别是在儒家化的历史潮流冲击下，从西汉前半期起，儒家思想便支配了立法、司法的实践以及律学的研究，并且影响着汉以后近两千年的封建法制，以至儒家化成为中华法系主要的特征之一。

汉初，摆在统治者面前的迫切问题就是如何缓和尖锐的社会矛盾，恢复遭到严重破坏的社会经济，摆脱国家极度贫困的状态，制止人口的大量流失，建立稳定的国家统治。在严峻的形势下，以刘邦为首的统治集团认真总结了秦亡的教训，形成

[①] 张晋藩. 中华法制文明的演进[M]. 北京：中国政法大学出版社，1999：210.
[②] 张晋藩. 中华法制文明的演进[M]. 北京：中国政法大学出版社，1999：210-227.

了以黄老之学为核心的治国方略。在这个过程中，思想家陆贾和贾谊起了重要的作用。

陆贾传承先秦的黄老思想，但包容了儒家的仁义学说，提出了"无为"的治国理论。贾谊进而全面地论述了亡秦之失。他强调，礼是"固国家，定社稷，使君无失其民也"①的根本，法只是强制人民必须遵循某种行为规则的手段，所谓"缘法循理谓之轨"②。只有礼义才能"绝恶于未萌"③。并且明确区分了礼与法的不同作用，"夫礼者禁于将然之前，而法者禁于已然之后，是故法之所用易见，而礼之所为生难知也"④。他告诫汉初统治者，以礼义治天下，可"累子孙数十世"；专任刑罚者，"祸几及身，子孙诛绝"⑤。只有把作为人主之"芒刃"的仁义恩厚与作为人主之"斤斧"的权势法制结合起来，才能维持汉朝的长治久安。

经过陆贾、贾谊的总结性论证，先秦儒家德行礼法的学说与无为而治的黄老之学相结合，影响着高帝、惠帝、吕后、文帝、窦太后、景帝等几代统治者，成为指导统治集团行动的准则，并且由此形成了轻徭薄赋、约法省刑等与民休息的汉初政策。

（二）由崇尚黄老转向独尊儒术

至武帝时期，封建经济渐趋繁荣，中央集权制度得到了巩固，府库充盈、兵旅强盛。这时，武帝突破了"无为政治"的束缚，他"外事四夷之功，内盛耳目之好，征发烦数，百姓贫耗，穷民犯法，酷吏击断"⑥。在这样的历史背景下，黄老思想已经与新形势格格不入，此时迫切需要一种为武帝推行封建大一统的政治经济政策进行理论辩护的新的思想体系。除此之外，诸侯王拥土自重，地方豪强骄纵不法，仍然是中央集权的实际威胁。而边疆地区匈奴的频频入侵，也需要动员国家的力量才能加以遏制。于是，董仲舒创建的以《公羊春秋》为主干，兼采阴、阳、法、道、名诸家学说而成的新儒学便应运而生，成为统治中国两千余年的正统思想。

由崇尚黄老之学转变到独尊儒术，除上述客观形势的需要外，也说明了西汉统治者从长期的经验中觉察到儒家思想不仅较之秦时专任刑罚更有利于国家的长治久安，相比黄老之学也更能促进国家的强盛和中央集权的巩固。而以儒家为统治思想，也只有在统一的封建国家巩固以后才成为可能。

（三）立法思想儒家化的主要表现

1. 德主刑辅，务德不务刑

西周初期，周公旦曾经提出"明德慎罚"的指导思想，指导了周朝的法制建设，

---

① 引自班固.《汉书·贾谊传》。
② 引自贾谊.《新书·道术》。
③ 引自班固.《汉书·贾谊传》。
④ 引自班固.《汉书·贾谊传》。
⑤ 引自班固.《汉书·贾谊传》。
⑥ 引自班固.《汉书·刑法志》。

至汉董仲舒构建了完整的德主刑辅的理论体系。他以"天人感应"说为德主刑辅论的哲学基础，以阴阳五行相辅相成之理来论证德主刑辅符合天道运行的规律。他认为，"天道之大者在阴阳。阳为德，阴为刑；刑主杀而德主生，是故阳常居大夏，而以生育养长为事，故任德教而不任刑。刑者不可任以治世，犹阴之不可任以成岁也。为政而任刑，不顺于天，故先王莫之肯为也"①。又提出，"胜任法天而立道"②"故圣人多其爱而少其严，厚其德而减其刑"③。董仲舒在论证"任德不任刑"④"大德而小刑""务德而不务刑"⑤的同时，也阐述了刑的地位和作用，他认为阳主阴辅，"刑者，德之辅，阴者，阳之助也"⑥。

除董仲舒外，刘向在《说苑》中也对刑德关系及其不同的作用进行了论断。

德主刑辅论经过汉儒多方面的论证，逐渐成为汉朝立法施政的指导思想。正如宣帝所说，"汉家自有制度，本以霸王道杂之，奈何纯任德教，用周政乎"⑦。所谓"霸王道杂之"的内涵，简言之，就是礼法结合、德主刑辅。由于它满足封建国家的统治需要，因此成为汉以后影响悠久的封建法制建设的指导原则。

在德主刑辅思想的指导下，儒家的伦理道德不仅表现为律文，也运用于司法实践，由此而盛行"春秋决狱"。

2. 以"三纲"为最高的立法原则

确立"三纲"为最高立法原则是和独尊儒术分不开的。汉初，高祖曾对儒家持轻蔑态度，斥责称道《诗》《书》的儒生，他对陆贾说："乃公居马上而得之，安事《诗》《书》!"陆贾反驳说："居马上而得之，宁可以马上治之乎？且汤武逆取而以顺守之。文武并用长久之术也。"⑧这对于高祖对儒学态度的转变起了积极作用。其后，儒生叔孙通制定朝仪，序君臣之礼，使高祖叹曰："吾乃今日知为皇帝之贵也。"⑨因此，高祖十一年（公元前196年），消灭英布班师途中，路经鲁地，以太牢之礼祭祀孔子，开创了封建帝王祭孔的先例。至武帝"罢黜百家，独尊儒术"，以董仲舒为代表的儒家学派逐渐受到统治者的推崇，尤其是作为董仲舒思想核心的"三纲"学说成为国家的纲纪和立法的最高原则。

所谓"三纲"，指君为臣纲，父为子纲，夫为妻纲，它是以严格的封建等级制度为基础的君权、父权、夫权的集中体现。它所强调的是君臣、父子、夫妇各自遵守上下尊卑的礼节，"故贵贱有等，衣服有制，朝廷有位，乡党有序，则民有所让而

① 引自班固.《汉书·董仲舒传》
② 引自班固.《汉书·董仲舒传》。
③ 引自董仲舒.《春秋繁露·基义》。
④ 引自董仲舒.《春秋繁露·基义》。
⑤ 引自董仲舒.《春秋繁露·阳尊阴卑》。
⑥ 引自董仲舒.《春秋繁露·天辨在人》。
⑦ 引自班固.《汉书·元帝纪》。
⑧ 引自司马迁.《史记·郦生陆贾列传》。
⑨ 引自司马迁.《史记·叔孙通传》。

不敢争"①。为了彰显"三纲"的权威，董仲舒提出，"王道之三纲，可求于天"②，从而给这个学说涂上一层神秘的色彩。

在汉代，"三纲"不仅是社会的最高道德标准，也是国家立法的根本原则，它指导了汉律的修订，也体现为汉律的基本内容。例如，汉律中有关"大不敬""不孝""不道""禽兽行"等罪名的确立，以及"亲亲得相首匿""原心定罪""议""请"原则的实行，都是从立法上贯彻"三纲"原则的具体表现。"三纲"的法律化，将道德教化的精神力量与法律镇压的物质力量相结合，编织了一道严密的统治网，起到了防范犯罪、稳定汉政权的效果。

3. 秋冬行刑与顺天赦宥

早在战国末期成书的《吕氏春秋》和汉初成书的《淮南子》中，便以阴阳五行学说为指导，将发布政令、进行征伐、惩治犯罪等重要的国家活动同自然界的四时寒暑节气联系在一起。至董仲舒，从"天人相与"的理论出发，进一步论证了"顺天行诛"以符合自然规律的必要性。他认为，"天有四时，王有四政……天人所同有也。庆为春，赏为夏，罚为秋，刑为冬。"③"春者天之所以生也，仁者君之所以爱也；夏者天之所以长也，德者君之所以养也；霜者天之所以杀也，刑者君之所以罚也。由此言之，天人之征，古今之道也。"④董仲舒的阐发，不仅为秋冬行刑奠定了理论基础，而且随着儒家正统地位的确立，其开始制度化、法律化。

除此之外，《盐铁论》和《礼记·月令》也都对秋冬行刑有所论证。

根据儒家"敬顺天时""顺天行诛"的理论，秋冬执行死刑被看作是顺阴阳、则五行、合于天时的举措，从而把现实中残酷的司法镇压与四季运行的"天道"联系起来。由于借用天的威严，有助于加强司法的严肃性和欺骗性，因而得到统治者的肯定，并将它制度化、法律化。汉代执行死刑定在秋季和三冬（农历十月、十一月、十二月），至立春，则停止刑杀。武帝"元光四年（公元131年）冬十二月晦，论杀魏其于渭城"。东汉时，章帝鉴于社会矛盾的激化，于元和二年（公元85年）下令将三冬（农历十月、十一月、十二月）执行死刑压缩在农历十月一个月内。但是，危害国家统治的重大犯罪则不受此限。

随着秋冬行刑的确立，一般死刑案件如在春夏行刑则被视为一种暴行。秋冬行刑的执行制度，由于具有欺骗性的效果而一直贯穿于汉以后的封建社会，明清之季的"秋审"便源于此。

此外，汉兴以后，一反秦时以法为尚不赦的传统，从高祖起便进行频繁的赦宥。汉代滥赦的结果，犯罪现象越发增多，社会秩序更加动荡。

---

① 引自董仲舒.《春秋繁露·度制》。
② 引自董仲舒.《春秋繁露·基义》。
③ 引自董仲舒.《春秋繁露·四时之副》。
④ 引自班固.《汉书·董仲舒传》。

二、汉代主要立法活动

公元前 206 年，刘邦率军进入咸阳，为了扩大政治影响、笼络人心，以利于夺取政权，宣布"与父老约法三章耳：杀人者死，伤人及盗抵罪。余悉除去秦法。"①虽然约法三章只是政治策略性的口号，但它反映了人民大众的意愿，使得苦秦法久矣的"兆民大悦"②，对刘邦统一全国产生了极有利的影响。

汉朝建立以后，面对各种复杂的事务，绝非权宜之计的三章之法所可以调整的。因此，汉高祖五年（公元前 202 年）以"四夷未附，兵革未息，三章之法，不足以御奸"，命丞相萧何参照秦朝法律"取其宜于时者，作律九章"③。由于萧何曾为秦时刀笔吏，入咸阳后又注意收藏秦朝的律令典籍，因此奉命修律必然以秦律为本加以创制。《九章律》是汉朝最初的也是最重要的一部法典。除《九章律》外，高祖时曾命儒生叔孙通先后撰著仪品、仪礼，修订朝仪之法，使皇帝神圣尊严，臣下尊戴敬上，叔孙通因此而被超升为九卿之一——奉常。惠帝时，又命叔孙通增补汉律未涉及的礼仪，完成《傍章律》十八篇。《晋书·刑法志》有云："叔孙通所撰礼仪，与律令同录，藏于理官。"

汉武帝时，还命廷尉张汤制定有关宫廷警卫的《越宫律》二十七篇；御史赵禹制定有关诸侯百官朝贺制度的《朝律》六篇。连同《九章律》《傍章律》共计六十篇三百五十九章，统称汉律。

张家山出土的第一支竹简背后有"二年律令"的标题。经考证，为吕后二年（公元前 186 年）律令，即吕后二年汉朝通用的法律。它的发现进一步证明了秦汉律之间的继受关系。其篇目的繁杂与内容的丰富，既超出了《云梦秦简》，更非《九章律》所能涵盖。

西汉的立法活动集中在两个时期，一是高祖、惠帝时期，一是武帝时期。汉初经过半个多世纪的休养生息，至武帝时，经济繁荣，国力昌盛，使得武帝有可能"外事四夷之功"，北击匈奴，南定南越，"内盛耳目之好，征发烦数"，结果却造成了"百姓贫耗，穷民犯法，酷吏击断，奸宄不胜"④的严峻形势。统治集团内部也继七国之乱以后发生了衡山王与淮南王谋反的事件，整个社会动荡不安。于是，武帝"招进张汤、赵禹之属，条定法令，作见知故纵、监临部主之法，缓深故之罪，急纵出之诛"⑤。所谓"见知故纵、监临部主之法"，按颜师古注："见知人犯法不举告为

① 引自班固.《汉书·高祖纪》。
② 引自班固.《汉书·刑法志》。
③ 引自班固.《汉书·刑法志》。
④ 引自班固.《汉书·刑法志》。
⑤ 引自班固.《汉书·刑法志》。

故纵，而所监临部主有罪并连坐也。"①《晋书·刑法志》所载《魏律序》做了进一步的解释："律之初制，无免坐之文，张汤、赵禹始作监临部主、见知故纵之例。其见知而故不举劾，各与同罪，失不举劾，各以赎论，其不见不知，不坐也，是以文约而例通。"可见，此法的出发点是严肃监临官举劾犯罪的责任，以加强整个官僚群体的统治效能。对于张汤、赵禹所立之法，史书中有以下评价：张汤与赵禹共定律令，"务在深文。"②"务在深文"四字不仅勾画出了张汤、赵禹等酷吏之流的嘴脸，也反映了由汉初的无为而治向着武帝时期外事征伐、内肆兴建转变的时代特点。

不仅如此，针对盗贼蜂起，还制定了督责主管官吏缉捕盗贼的《沈命法》。举凡"群盗起不发觉，发觉而弗捕满品者，二千石以下至小吏主者，皆死"③，借以督责和惩治缉捕盗贼不力的官吏。然而，《沈命法》颁布以后，主管小吏唯恐不能如期破案而招祸，反而经常隐匿盗贼，上下级之间也互相欺瞒。

武帝为了加强中央集权，贯彻文帝以来实行的强干弱枝的政策，还颁发了一系列单行法，如削弱诸侯国的《左官律》和《附益法》，严格地方官责任的《上计律》。

总之，武帝时期在《九章》和《傍章》的基础上进行了一系列以深文著称的专门性立法，史书记载武帝时"律令凡三百五十九章，大辟四百九条，千八百八十二事，死罪决事比万三千四百七十二事"④。以致宣帝时不得不将令加以整理，编纂成"令甲""令乙"和"令丙""令甲以下三百余篇"⑤，但并没有从根本上改变"宪令稍增，科条无限"⑥的局面。至成帝时，"大辟之刑千有余条，律令繁多百有余万言"⑦。即使是明习法律者也不知所由，更毋论一般的官吏和百姓。

汉律在唐时已经亡佚，仅存篇目、律名和片段记载。清人杜贵墀撰写《汉律辑证》，沈家本著有《汉律摭遗》。

汉朝以律为主要的法律形式。除史书所载《汉律》六十篇外，还有单行的《尉律》《酎金律》《上计律》《钱律》《左官律》《大乐律》《田律》《田租税律》《尚方律》等。1983 年，湖北江陵张家山还出土了《二年律令》。汉以正律为基础，以众多的专门律为傍章，形成了汉律的体系。武帝时，随着国家对内对外活动的加强，在提倡独尊儒术的同时，更表现出了对法律的倚重，特别是专制皇权的发展使得令成为更具有灵活性和权威性的法律形式。

令是两汉重要的法律形式，《汉书·宣帝纪》注云："天子诏所增损，不在律上者为令。"由于令是最高权力拥有者皇帝发布的，所以它可以改变、补充甚至取消现

---

① 引自班固.《汉书·刑法志》。
② 引自班固.《汉书·张汤传》。
③ 引自班固.《汉书·酷吏传》。
④ 引自班固.《汉书·刑法志》。
⑤ 引自房玄龄.《晋书·刑法志》。
⑥ 引自范晔.《后汉书·陈宠传》。
⑦ 引自班固.《汉书·刑法志》。

行的某些法律条款。据《汉书・杜周传》记载，杜周在回答断狱"不循三尺法"专以皇帝意旨为依归的责难时说："三尺（法）安处哉？前主所是，著为律，后主所是，疏为令，当时为是，何古之法乎！"令所调整的范围非常广泛，有指导审判程序的"廷尉挈令"和加强司法管理的"狱令""棰令"，有保卫皇帝人身安全的"宫卫令"，有征取赋税、管理农事的"田令"，有管理府库的"金布令"，有祭祀宗庙礼仪的"祠令"和"斋令"，有荫袭官爵的"任子令"和选拔考课官吏的"功令"，有压抑商人的"缗钱令"。此外，还有"五时令""妖言令""品令""予告令""秩禄令""赎刑令""租挈令""马复令""卖爵令""戍卒令""捕杀单于令""水令""公令""养老令"等。近年出土的张家山汉律竹简有《津关令》，山东银雀山出土的汉简有《守法守令十三篇》，涉及土地、赋税、库藏、守城、守令等诸多方面。

由于令经常是针对特定事项随时颁发的，数量多而杂，其中成为法律形式的令也要经过一定的程序。凡于王者之命结尾处附"具为令""著为令""议为令""议著为令"字样者或经皇帝"制可"的法令，才是体现最高立法权的具有法律效力的令。

科，又称科条，是法律条款的概称。所谓"宪令稍增，科条无限。"①科也有科断的法律功能，如刘熙《释名》："科，课者，课其不如法者罪责之也。"因此，在司法实践中出现了"一律两科"的现象。见于《晋书・刑法志》的汉科，有"登闻道辞""考事报谳""使者验赂""擅作修舍""平庸作赃""投书弃市"等。说明"科"在向着独立的法律形式发展，但科也须经皇帝批准颁行之后才具有一般的法律效力。

比，是成例的汇编。在司法实践中应用成例进行判决始于春秋战国。汉兴以后，高祖七年（公元前 200 年）下诏："廷尉所不能决，谨具为奏，傅所当比律令以闻。"颜师古注曰："以例相比况也。"②汉时，凡是比照成例断罪量刑称为"决事比"，具有判例法的性质。武帝时期由于狱讼繁兴，法律的条文规定又不足，因此凡律无正条者，比附以治罪，形成决事比、死罪决事比、辞讼比三类，是律的重要补充。仅死罪决事比便有一万三千四百七十二事。出土的张家山汉简中有《奏谳书》两百余支，按《说文解字》："谳，议罪也。"《奏谳书》所载众多案例，不仅审转程序与《汉书・刑法志》所载基本相符，而且案例内容涉猎广泛，上自显贵，下及平民，具有典型性和指导意义。此外，属于汉代立法的还有陈宠、陈忠父子所奏《决事比》，陈宠所撰《辞讼比》，鲍昱奏定《法比都目》《嫁娶辞讼决》，应劭所撰《司徒都目》《决事比例》等。

总括上述，西汉的法律形式相比秦时有所增多，内容更加丰富，是中国古代法制文明史上的重要里程碑。由于各种法律形式相互补充形成严密的法网，以致"文书盈于几阁，典者不能遍睹"，结果"奸猾巧法，转相比况""罪同而论异，因缘为

---

① 引自范晔.《后汉书・陈宠传》。
② 引自班固.《汉书・刑法志》。

市，所欲活，则傅生议，所欲陷，则予死比"①，破坏了正常的法制秩序，预示着汉代法制的衰落②。

第二节　汉代主要法典

一、《九章律》

《九章律》是汉朝最初的也是最重要的一部法典。它远取李悝《法经》，近取秦律，于盗、贼、囚、捕、杂、具六律之外，增加户律、兴律、厩律三篇。除前引《汉书·刑法志》关于《九章律》历史渊源的论述外，《晋书·刑法志》和《唐律疏议》也有类似的记载："萧何定律，除参夷连坐之罪，增部主见知之条，益事律兴、厩、户三篇，合为九篇。""汉相萧何，更加悝所造户、兴、厩三篇，谓九章之律。"可见，九章律就是在《法经》盗、贼、囚、捕、杂、具六篇之后增加户、兴、厩三篇而成的，所增之律多为民事经济法规。

《九章律》早佚，据《晋书·刑法志》可考知目者凡四十六。《盗律》九目：劫略、恐吓、和买卖人、持质、所受监、受财枉法、勃辱强贼、还赃界主、贼伤。《贼律》十目：大逆无道、欺谩、诈伪、逾封、矫制、贼伐树木、杀伤人畜产、诸亡印、诸峙不办、盗章。《囚律》七目：诈伪生死、诈自复除、告劾、传覆、系囚、鞫狱、断狱。《杂律》四目：假借、不廉、呵人受钱、使者验赂。《具律》二目：出卖呈、善作修舍事。《兴律》六目：上狱、考事报谳、擅兴徭役、乏徭、稽留、烽燧。《厩律》九目：逮捕、告反、逮受、登闻道辞、乏军之兴、奉诏不谨、不承用诏书、上言事变、以惊事告急。《捕》《户》二律无目。《九章律》由于匆匆编制，内容难免重叠错杂。《晋书·刑法志》批评说："《盗律》有贼伤之例，《贼律》有盗章之文，《兴律》有上狱之法，《厩律》有逮捕之事，若此之比，错糅无常，后人生意，各为章句。"

《九章律》具有明显的承袭秦律的特点，在秦律的基础上有所发展。《九章律》主要以刑事法律为主，为汉初社会的稳定、惩治犯罪、维护国家统治起了重要作用。

二、《二年律令》

张家山二四七号汉墓位于湖北省江陵县（今荆州市荆州区）城外西南 1.5 公里处的江陵砖瓦厂内，因取土而发现，1983 年 12 月由荆州博物馆配合进行发掘。它

---

① 引自班固.《汉书·刑法志》。
② 张晋藩. 中华法制文明的演进[M]. 北京：中国政法大学出版社，1999：222-227.

是一座土坑木椁墓，墓坑上部已遭破坏。葬具是一椁一棺，椁室内分成头箱和棺室。发掘者推断墓葬的年代是西汉早期（请参见《江陵张家山三座汉墓出土大批竹简》，《文物》1985 年第 1 期）。据墓中所出历谱可知，墓主人去世当在西汉吕后二年（公元前 186 年）或其后不久。从葬具和随葬品判断，墓主人身份并不高，随葬的各种古书也暗示墓主人生前是一名低级官吏，通晓法律，能计算，好医术、导引。

从残存的竹编可知，竹简原置于竹筒中。由于受到淤泥及其他文物的挤压，竹简已有损坏，卷束已散开，并有不同程度的移动。从竹简的堆积状况可以判断，各种书籍是各自成卷，然后堆放在一起的。依从上至下的顺序是：历谱、《二年律令》《奏谳书》《脉书》《算数书》《盖庐》《引书》；遣策另置他处。全部竹简计 1236 枚（不含残片）。整理时参照竹简堆积情况，按竹简形制、字体和简文内容分篇、系联，也只能恢复各书的大致编联次序。除历谱和遣策的篇名是整理者拟加之外，其余各书均原有书题。

上述各种古书涉及西汉早期的律令、司法诉讼、医学、导引、数学、军事理论等方面，内容十分丰富，是极其重要的历史文献，对研究西汉社会状况和科学技术的发展有不可估量的价值。《二年律令》的发现使亡佚已久的汉律得以重现，不仅使秦、汉律的对比研究成为可能，而且是系统研究汉、唐律的关系及其对中国古代法律影响的最直接的资料。

墓中历谱是从汉高祖五年（公元前 202 年）至吕后二年（公元前 186 年）间的，上述各种著作的年代下限当不会迟于公元前 186 年。

《二年律令》主要包括《贼律》《盗律》《具律》《告律》《捕律》《亡律》《收律》《杂律》《钱律》《置吏律》《均输律》《传食律》《田律》《口市律》《行书律》《复律》《赐律》《户律》《效律》《傅律》《置后律》《爵律》《兴律》《徭律》《金布律》《秩律》《史律》《津关令》等内容①。

三、汉代的其他法典

刘邦在位期间，萧何制定的《九章律》为汉朝的主干法律。此外，韩信申军法、张苍定章程、叔孙通制《傍章》十八篇。②汉武帝时期，张汤制《越宫律》，赵禹定《朝律》，又有《见知故纵、监临部主之法》《沈命法》《左官律》的施行。史称："律令凡三百五十九章，大辟四百九条，千八百八十二事，死罪决事比万三千四百七十二事。"③基本形成礼律兼备的法律体系。大略而言，汉朝形成法律体系的时间大约持续 60 多年，但其完善却未有终期。史家谓之"世有增损，率皆集类为篇，结事为

---

① 张家山二四七号汉墓竹简整理小组. 张家山汉墓竹简〔二四七号〕释文修订本[M]. 北京：文物出版社，2006.

② 俞荣根. 论法律体系的形成与完善[J]. 法治研究，2011（6）：3-6.

③ 引自班固.《汉书·刑法志》。

章。"①直到东汉后期汉献帝建安年间，应劭著《汉官礼仪故事》，定"朝廷制度，百官典式"，又编纂"《律本章句》《尚书旧事》《廷尉板令》《决事比例》《司徒都目》《五曹诏书》及《春秋断狱》凡二百五十篇"②。

第三节　汉代经典案例

一、淮南王刘长谋反案

（一）案例原文

淮南厉王长者，高祖少子也，其母故赵王张敖美人。高祖八年，从东垣过赵，赵王献之美人。厉王母得幸焉，有身。赵王敖弗敢内宫，为筑外宫而舍之。及贯高等谋反事发觉，并逮治王，尽收捕王母兄弟美人，系之河内。厉王母亦系，告吏曰："得幸上，有身。"吏以闻上，上方怒赵王，未理厉王母。厉王母弟赵兼因辟阳侯言吕后，吕后妒，弗肯白，辟阳侯不强争。及厉王母已生厉王，恚，即自杀。吏奉厉王诣上，上悔，令吕后母之，而葬厉王母真定。真定，厉王母之家在焉，父世县也。

高祖十一年七月，淮南王黥布反，立子长为淮南王，王黥布故地，凡四郡。上自将兵击灭布，厉王遂即位。厉王蚤失母，常附吕后，孝惠、吕后时以故得幸无患害，而常心怨辟阳侯，弗敢发。及孝文帝初即位，淮南王自以为最亲，骄蹇，数不奉法。上以亲故，常宽赦之。三年，入朝。甚横。从上入苑囿猎，与上同车，常谓上"大兄"。厉王有材力，力能扛鼎，乃往请辟阳侯。辟阳侯出见之，即自袖铁椎椎辟阳侯，令从者魏敬刭之。厉王乃驰走阙下，肉袒谢曰："臣母不当坐赵事，其时辟阳侯力能得之吕后，弗争，罪一也。赵王如意子母无罪，吕后杀之，辟阳侯弗争，罪二也。吕后王诸吕，欲以危刘氏，辟阳侯弗争，罪三也。臣谨为天下诛贼臣辟阳侯，报母之仇，谨伏阙下请罪。"孝文伤其志，为亲故，弗治，赦厉王。当是时，薄太后及太子诸大臣皆惮厉王，厉王以此归国益骄恣，不用汉法，出入称警跸，称制，自为法令，拟于天子。

六年，令男子但等七十人与棘蒲侯柴武太子奇谋，以辇车四十乘反谷口，令人使闽越、匈奴。事觉，治之，使使召淮南王。淮南王至长安。

"丞相臣张仓、典客臣冯敬、行御史大夫事宗正臣逸、廷尉臣贺、备盗贼中尉臣福昧死言：淮南王长废先帝法，不听天子诏，居处无度，为黄屋盖乘舆，出入拟

---

① 引自房玄龄.《晋书·刑法志》。
② 引自范晔.《后汉书·应奉传·应劭》。

于天子，擅为法令，不用汉法。及所置吏，以其郎中春为丞相，聚收汉诸侯人及有罪亡者，匿与居，为治家室，赐其财物爵禄田宅，爵或至关内侯，奉以二千石，所不当得，欲以有为。大夫但、士五开章等七十人与棘蒲侯太子奇谋反，欲以危宗庙社稷。使开章阴告长，与谋使闽越及匈奴发其兵。开章之淮南见长，长数与坐语饮食，为家室娶妇，以二千石俸奉之。开章使人告但，已言。春使使报但等。吏觉知，使长安尉奇等往捕开章。长匿不予，与故中尉蕑忌谋，之王杀以闭口。为棺椁衣衾，葬之肥陵邑，谩吏曰'不知安在'。又详聚土，树表其上，曰'开章死，埋此下'。及长身自贼杀无罪者一人；令吏论杀无罪者六人；为亡命弃市罪诈捕命者以除罪；擅罪人，罪人无告劾，系治城旦春以上十四人；赦免罪人，死罪十八人，城旦春以下五十八人；赐人爵关内侯以下九十四人。前日长病，陛下忧苦之，使使者赐书、枣脯。长不欲受赐，不肯见拜使者。南海民处庐江界中者反，淮南吏卒击之。陛下以淮南民贫苦，遣使者赐长帛五千匹，以赐吏卒劳苦者。长不欲受赐，谩言曰'无劳苦者'。南海民王织上书献璧皇帝，忌擅燔其书，不以闻。吏请召治忌，长不遣，谩言曰'忌病'。春又请长，愿入见，长怒曰'女欲离我自附汉'。长当弃市，臣请论如法。"制曰："朕不忍致王于法，其与列侯两千石议。"

"臣仓、臣敬、臣逸、臣福、臣贺昧死言：臣谨与列侯吏二千石臣婴等四十三人议，皆曰'长不奉法度，不听天子诏，乃阴聚徒党及谋反者，厚养亡命，欲以有为'。臣等议论如法。"

制曰："朕不忍致法于王，其赦长死罪，废勿王。"

"臣仓等昧死言：长有大死罪，陛下不忍致法，幸赦，废勿王。臣请处蜀郡严道邛邮，遣其子母从居，县为筑盖家室，皆廪食给薪菜盐豉炊食器席蓐。臣等昧死请，请布告天下。"

制曰："计食长给肉日五斤，酒二斗。令故美人才人得幸者十人从居。他可。"

尽诛所与谋者。于是乃遣淮南王，载以辎车，令县以次传。是时袁盎谏上曰："上素骄淮南王，弗为置严傅相，以故至此。且淮南王为人刚，今暴摧折之。臣恐卒逢雾露病死。陛下为有杀弟之名，奈何！"上曰："吾特苦之耳，今复之。"

县传淮南王者皆不敢发车封。淮南王乃谓侍者曰："谁谓乃公勇者？吾安能勇！吾以骄故不闻吾过至此。人生一世间，安能邑邑如此！"乃不食死。至雍，雍令发封，以死闻。上哭甚悲，谓袁盎曰："吾不听公言，卒亡淮南王。"盎曰："不可奈何，愿陛下自宽。"上曰："为之奈何？"盎曰："独斩丞相、御史以谢天下乃可。"上即令丞相、御史逮考诸县传送淮南王不发封馈侍者，皆弃市。乃以列侯葬淮南王于雍，守冢三十户①。

---

① 引自司马迁.《史记·淮南衡山列传》。

（二）案情解读

淮南厉王，名长，是汉高帝的小儿子，他的母亲过去是赵王张敖的美人。高帝八年，高帝从东垣经过赵国，赵王向高帝进献美女，这就是厉王的母亲，她受宠幸后怀孕。赵王不敢再让她回宫，就为她建筑外宫居住。等到贯高等人谋反的事情被发觉，牵连到赵王，赵王的母亲、兄弟及美人都被逮捕，关在河内。厉王的母亲也被关，她告诉官吏说："我曾经受皇上宠幸并有了儿子。"官吏听后告诉皇上，皇上正对赵王感到愤怒，不理睬厉王的母亲。厉王的舅舅赵兼通过辟阳侯告诉了吕后，吕后嫉妒，不肯为他们辩白，辟阳侯也不为她力争。厉王母亲诞下厉王后，因怨恨愤怒而自杀。官吏将厉王送去给皇上，皇上很后悔，便让吕后抚养厉王，并在厉王母亲所居的县城真定埋葬了她。

汉高祖十一年（公元前 196 年），淮南王黥布谋反，皇上亲自率兵去平定黥布之乱，于是立儿子刘长为淮南王。淮南王幼年失去母亲，经常依附吕后，在孝惠帝和吕后统治时他因此得到宠幸而没有麻烦，然而内心里却常常怨恨辟阳侯，但是不敢表露出来。孝文帝继位的初期，他自以为是皇族最亲近的人而骄傲放纵，数次犯法。皇上都宽恕了他。文帝三年（公元前 177 年），他上朝时表现得很蛮横。跟随皇上去皇家园林打猎时，与皇上同坐一辆车，常称皇上"大哥"。厉王有力量，力大能够举鼎，于是他去拜见辟阳侯。辟阳侯出来接待他时，厉王取出袖子中藏的铁椎子击打辟阳侯，并命令随从砍了他的头。然后驱马疾奔至皇上的宫殿，脱去上衣袒露着臂膀向皇上谢罪说："我的母亲不应当因为赵王的事而犯罪入狱，辟阳侯有能力劝说吕后拯救但却不尽力争取，这是第一桩罪。赵王和他母亲都无罪，吕后杀害了他们，辟阳侯不尽力劝阻，这是第二桩罪。吕后给吕氏封王，想以此来危害我们刘氏，辟阳侯不努力劝阻，这是第三桩罪。我只是为天下人杀死了坏人，为母报仇，我愿向陛下伏罪。"文帝可怜他是为亲报仇，赦免了他的罪。

那时，从薄太后、太子到各个大臣都害怕厉王。厉王因此回到封国更加蛮横放纵，不服从汉的法令，出入时像皇上一样有左右警卫和清道，自己制定法令，数次在给皇上奏书时表现得不敬重。文帝难以亲自责备他。当时皇上的舅舅薄昭任将军，文帝尊重他，便命薄昭给厉王写信，多次劝谏他。

孝文帝六年（公元前 174 年），厉王让无官爵的男子组成七十人队伍，并和棘蒲侯柴武之子柴奇商议，策划用四十辆大货车在谷口县谋反起事，并派出使者前往闽越、匈奴各处联络。朝廷发觉此事，治罪谋反者，派使臣召淮南王入京，他来到长安。

"丞相张仓、典客冯敬、行御史大夫事宗正臣逸、廷尉臣贺、备盗贼中尉臣福冒死罪启奏：淮南王刘长废弃先帝之法，不服从天子诏令，起居从事不遵法度，自制天子所乘张黄缎伞盖的车驾，出入模仿天子声威，擅为法令，不实行汉家王法。他擅自委任官吏，让手下的郎中春任国相，网罗收纳各郡县和诸侯国的人以及负罪逃亡者，把他们藏匿起来安置住处，安顿家人，赐给钱财、物资、爵位、俸禄和田宅，有的人爵位竟封至关内侯，享受二千石的优宠。淮南王给予他们不应得到的一切，是想图谋不轨。大夫但与有罪失官的开章等七十人，伙同棘蒲侯柴武之子柴奇谋反，意欲危害宗庙社稷。他们让开章去密报刘长，商议使人联络闽越和匈奴发兵响应。开章赴淮南见到刘长，刘长多次与他晤谈宴饮，还为他成家娶妻，供给二千石的薪俸。开章教人报告大夫但，诸事已与淮南王谈妥。国相春也遣使向但通报。朝中官吏发觉此事后，派长安县县尉奇等前去拘捕开章。刘长藏人不交，和原中尉蕑忌密议，杀死开章灭口。他们置办棺椁、丧衣和被服，葬开章于肥陵邑，而欺骗办案的官员说'不知道开章在哪里'。后来又伪造坟冢，在坟上树立标记，说'开章尸首埋在这里'。刘长还亲自杀过无罪者一人；命令官吏论罪杀死无辜者六人；藏匿逃亡在外的死刑犯，并抓捕未逃亡的犯人为他们顶罪；他任意加人罪名，使受害者无处申冤，被判罪四年劳役以上，如此者十四人；又擅自赦免罪人，免除死罪者十八人，服四年劳役以下者五十八人；还赐爵关内侯以下者九十四人。前些时候刘长患重病，陛下为他忧烦，遣使臣赐赠信函、枣脯。刘长不想接受赐赠，便不肯接见使臣。住在庐江郡内的南海民造反，淮南郡的官兵奉旨征讨。陛下体恤淮南民贫苦，派使臣赐赠刘长布帛五千匹，令转发出征官兵中的辛劳穷苦之人。刘长不想接受，谎称'军中无劳苦者'。南海人王织上书向皇帝敬献玉璧，忌烧了信，不予上奏。朝中官员请求传唤忌论罪，刘长拒不下令，谎称'忌有病'。国相春又请求刘长准许其见朝中官员，刘长大怒，说'你想背叛我去投靠汉廷'，遂判处春死罪。臣等请求陛下将刘长依法治罪。"

皇上下诏说："我不忍心依法制裁淮南王，交列侯与二千石官商议吧。"

"臣仓、臣敬、臣逸、臣福、臣贺冒死罪启奏：臣等已与列侯和二千石官吏臣婴等四十三人论议，大家都说，'刘长不遵从法度，不听从天子诏命，竟然暗中网罗党徒和谋反者，厚待负罪逃亡之人，是想图谋不轨'。臣等议决应当依法制裁刘长。"

皇帝下诏说："我不忍心依法制裁刘长。废王为庶人。"

"臣仓等冒死罪启奏：刘长犯有大死之罪，陛下不忍心依法惩治，施恩赦免，废其王位。臣等请求将刘长遣往蜀郡严道县邛崃山邮亭，令其妾媵中有生养子女者随行同居，由县署为他们兴建屋舍，供给粮食、柴草、蔬菜、食盐、豆豉、炊具食具和席蓐。臣等冒死罪请求，将此事布告天下。"

皇上颁旨说："准请供给刘长每日食肉五斤，酒二斗。命令昔日受过宠幸的妃嫔十人随往蜀郡同住。其他皆准奏。"

朝廷尽杀刘长的同谋者，于是命淮南王启程，一路用辒车囚载，令沿途各县递解入蜀。当时袁盎劝谏皇上说："皇上一向骄宠淮南王，不为他安排严正的太傅和国相去劝导，才使他落到如此境地。再说淮南王性情刚烈，现在粗暴地摧折他，臣很担忧他会突然在途中身染风寒患病而死。陛下若落得杀弟的恶名如何是好！"皇上说：

"我只是让他尝尝苦头罢了，不久就会让他回来的。"

沿途各县送押淮南王的人都不敢打开囚车的封门，于是淮南王对仆人说："谁说你老子我是勇猛的人？我哪里还能勇猛？我因为骄纵看不到自己的过失终于陷入这种困境。人生在世，怎能忍受如此郁闷！"于是绝食身亡。囚车行至雍县，县令打开封门，把刘长的死讯上报天子。皇上哭得很伤心，对袁盎说："我不听你的劝告，终至淮南王身死。"袁盎说："事已无可奈何，望陛下好自宽解。"皇上说："怎么办好呢？"袁盎回答："只要斩丞相、御史来向天下人谢罪就行了。"于是皇上命令丞相、御史收捕拷问各县押送淮南王而不予开封进食者，一律弃市问斩。然后按照列侯的礼仪在雍县安葬了淮南王，并安置三十户人家守冢祭祀。

（三）评析

淮南王刘长谋反案是汉朝礼法结合所处理的案件，是发生在汉朝宗室内部的较早的一起谋反案，不同于外姓策划的谋反案，主犯一般都被判夷三族之刑。即使有的谋反案证据并不明显，甚至是被逼或被诬陷谋反的情况依然予以严惩。而对于刘长谋反案，虽然所犯罪行非常严重，又有明确的证据予以证明，汉文帝却考虑到刘长是刘氏宗亲和宗法伦理思想，一再下令要求重新考虑判决结果，刘长本人也没处死，仅是迁往边远地区。①体现出汉代法律儒家化之趋势。

二、缇萦上书救父

（一）案例原文

五月，齐太仓令淳于公有罪当刑，诏狱逮徙系长安。太仓公无男，有女五人。太仓公将行会逮，骂其女曰："生子不生男，有缓急非有益也！"其少女缇萦自伤泣，乃随其父至长安，上书曰："妾父为吏，齐中皆称其廉平，今坐法当刑。妾伤夫死者不可复生，刑者不可复属，虽复欲改过自新，其道无由也。妾愿没入为官婢，赎父刑罪，使得自新。"书奏天子，天子怜悲其意，乃下诏曰："盖闻有虞氏之时，画衣冠异章服以为僇，而民不犯。何则？至治也。今法有肉刑三，而奸不止，其咎安在？非乃朕德薄而教不明欤？吾甚自愧。故夫驯道不纯而愚民陷焉。诗曰'恺悌君子，民之父母'。今人有过，教未施而刑加焉。或欲改行为善而道毋由也。朕甚怜之。夫刑至断支体，刻肌肤，终身不息，何其楚痛而不德也，岂称为民父母之意哉！其除肉刑。"②

（二）案情解读

五月，齐国的太仓令淳于公犯了罪，应该受刑，朝廷下诏让狱官逮捕他，把他押解到长安拘禁起来。太仓令没有儿子，只有五个女儿。他被捕临行时，骂女儿们

---

① 吴丽娟，杨士泰. 中国法制史案例教程[M]. 北京：中央广播电视大学出版社，2007.

② 引自司马迁.《史记·孝文本纪》。

说："生孩子不生儿子，遇到紧急情况，就没有用处了！"他的小女儿缇萦伤心地哭了，就跟随父亲来到长安，向朝廷上书说："我的父亲做官，齐国的人们都称赞他廉洁公平，现在因触犯法律而获罪，应当受刑。我哀伤的是，受了死刑的人不能再活过来，受了肉刑的人肢体断了不能再接起来，虽想走改过自新之路，也没有办法了。我愿意被收入官府做奴婢，来抵父亲应该受刑之罪，使他能够改过自新。"上书送到文帝那里，文帝怜悯缇萦的孝心，就下诏说："听说在有虞氏的时候，只是在罪犯的衣帽上画上特别的图形或颜色，给罪犯穿上有特定标志的衣服，以此来羞辱他们，这样民众就不犯法了。为什么能这样呢？因为当时政治清明到了极点。如今法令中有刺面、割鼻、断足三种肉刑，可是犯法的事仍然不能禁止，过失出在哪儿呢？不就是因为我道德不厚、教化不明吗？我深感惭愧，因为训导的方法不完善，愚昧的百姓就会走上犯罪的道路。《诗经》有云，'平易近人的官员，才是百姓的父母。'现在人犯了过错，还没施以教育就加给刑罚，那么有人想改过从善也没有机会了，我很怜悯他们。施用刑罚以至割断犯人的肢体，刻伤犯人的肌肤，终身不能长好，多么令人痛苦而又不合道德呀，作为百姓的父母，这样做，难道合乎天下父母心吗？应该废除肉刑。"

（三）评析

"缇萦上书"对废除肉刑的影响既是偶然，也是必然。一方面是儒家仁政和德治观念认为肉刑太残酷；另一方面，肉刑作为刑罚，从预防犯罪和社会效果来分析，也不会有良好的结果。而"缇萦上书"案刚好成为触发此变革之契机，开创了中国法制史上废除肉刑之先河，具有重要的法制和历史意义。

三、卫太子巫蛊案

（一）案例原文

武帝末，卫后宠衰，江充用事，充与太子及卫氏有隙，恐上晏驾后为太子所诛，会巫蛊事起，充因此为奸。是时，上春秋高，意多所恶，以为左右皆为蛊道祝诅，穷治其事。丞相公孙贺父子，阳石、诸邑公主，及皇后弟子长平侯卫伉皆坐诛。语在《公孙贺》《江充传》。

充典治巫蛊，既知上意，自言宫中有蛊气，入宫至省中，坏御座掘地。上使按道侯韩说、御史章赣、黄门苏文等助充。充遂至太子宫掘蛊，得桐木人。时上疾，辟暑甘泉宫，独皇后、太子在。太子召问少傅石德，德惧为师傅并诛，因谓太子曰："前丞相父子、两公主及卫氏皆坐此，今巫与使者掘地得征验，不知巫置之邪，将实有也，无以自明，可矫以节收捕充等系狱，穷治其奸诈。且上疾在甘泉，皇后及家吏请问皆不报，上存亡未可知，而奸臣如此，太子将不念秦扶苏事耶？"太子急，然德言。

征和二年七月壬午，乃使客为使者收捕充等。按道侯说疑使者有诈，不肯受诏，客格杀说。御史章赣被创突亡。自归甘泉。太子使舍人无且持节夜入未央宫殿长秋门，因长御倚华具白皇后，发中厩车载射士，出武库兵，发长乐宫卫，告令百官曰江充反。乃斩充以徇，炙胡巫上林中。遂部宾客为将率，与丞相刘屈氂等战。长安中扰乱，言太子反，以故众不附。太子兵败，亡，不得。

上怒甚，群下忧惧，不知所出。壶关三老茂上书曰："臣闻父者犹天，母者犹地，子犹万物也。故天平地安，阴阳和调，物乃茂成；父慈母爱，室家之中，子乃孝顺。阴阳不和，则万物夭伤；父子不和，则室家丧亡。故父不父则子不子，君不君则臣不臣，虽有粟，吾岂得而食诸！昔者虞舜，孝之至也，而不中于瞽叟；孝己被谤，伯奇放流，骨肉至亲，父子相疑。何者？积毁之所生也。由是观之，子无不孝，而父有不察，今皇太子为汉适嗣，承万世之业，体祖宗之重，亲则皇帝之宗子也。江充，布衣之人，间阎之隶臣耳，陛下显而用之，衔至尊之命以迫蹴皇太子，造饰奸诈，群邪错谬，是以亲戚之路隔塞而不通。太子进则不得上见，退则困于乱臣，独冤结而亡告，不忍忿忿之心，起而杀充，恐惧逋逃，子盗父兵以救难自免耳，臣窃以为无邪心。《诗》曰：'营营青蝇，止于藩；恺悌君子，无信谗言；谗言罔极，交乱四国。'往者江充谗杀赵太子，天下莫不闻，其罪固宜。陛下不省察，深过太子，发盛怒，举大兵而求之，三公自将，智者不敢言，辩士不敢说，臣窃痛之。臣闻子胥尽忠而忘其号，比干尽仁而遗其身，忠臣竭诚不顾铁钺之诛以陈其愚，志在匡君安社稷也。《诗》云：'取彼谮人，投畀豺虎。'唯陛下宽心慰意，少察所亲，毋患太子之非，亟罢甲兵，无令太子久亡。臣不胜惓惓，出一旦之命，待罪建章阙下。"书奏，天子感寤。

太子之亡也，东至湖，臧匿泉鸠里。主人家贫，常卖屦以给太子。太子有故人在湖，闻其富赡，使人呼之而发觉。吏围捕太子，太子自度不得脱，即入室距户自经。山阳男子张富昌为卒，足蹋开户，新安令史李寿趋抱解太子，主人公遂格斗死，皇孙二人皆并遇害。上既伤太子，乃下诏曰："盖行疑赏，所以申信也。其封李寿为邗侯，张富昌为题侯。"

久之，巫蛊事多不信。上知太子惶恐无他意，而车千秋复讼太子冤，上遂擢千秋为丞相，而族灭江充家，焚苏文于横桥上，及泉鸠里加兵刃于太子者，初为北地太守，后族。上怜太子无辜，乃作思子宫，为归来望思之台于湖。天下闻而悲之。①

（二）案情解读

汉武帝晚年，卫后失宠，江充受重用。江充与太子以及卫氏一家有怨恨，担心汉武帝死后自己被太子处死，就在这时，巫蛊案发生，江充就借此事挟私报复。当时，汉武帝年事已高，对事务多有厌烦，怀疑身边的人都干了诅咒蛊害之事，诏令

① 引自班固. 《汉书·武五子传》。

严厉追查这件事。丞相公孙贺父子、阳石公主、诸邑公主，以及皇后弟弟的儿子长平侯卫伉都受到牵连被杀害。关于这些都载于《公孙贺》《江充传》。

江充负责查处巫蛊案，他已经知道了皇帝的心思，就对皇帝说宫中有蛊毒之气，进到宫内一直到帝王的住处，拆毁宝座，掘开地面。汉武帝派按道侯韩说、御史章赣、黄门苏文等人协助江充。江充就到太子宫中挖掘蛊物，找到用桐木刻成的小人。当时汉武帝生病，到甘泉宫避暑去了，只有皇后和太子在宫内。太子召见少傅石德问他这件事应该怎么办，石德害怕因为是师傅的关系被一起处死，就对太子说："在这之前丞相父子、两位公主以及卫氏一家都被此事牵连治罪，现在女巫和来调查此事的官员掘开地面找到了证据，不知道是女巫故意放在那里的，还是真的就有，我们自己无法明辨，可以伪称诏令用符节把江充等人收捕入狱，把他们的奸诈阴谋追查清楚。再说皇帝正在甘泉宫养病，皇后以及太子的请安问候都得不到回复，皇帝的生死存亡都不得而知，而现在奸臣干出这种事，太子您难道不记得从前秦朝太子扶苏被害的事了吗?"太子十分着急，采纳了石德的意见。

征和二年（公元前 91 年）七月壬午日，太子就派门客装成使者，把江充等人逮捕起来。按道侯韩说怀疑使者有诈，不肯服从诏令，门客就搏杀了韩说。御史章赣被砍伤后逃走，自己跑回甘泉宫。太子命舍人无且拿着符节连夜进入未央宫殿的长秋门，通过长御倚华呈告皇后，派用皇后的马车装载射手，搬取武库的兵器，调发长乐宫的卫队，向文武百官宣称江充造反。然后就斩了江充巡示朝野，在上林苑烧死了胡人神巫。接着部署宾客为将帅，与丞相刘屈氂等人的军队开战。长安城大乱，传言太子造反，因此民众不肯归附太子。太子军队被打败，逃走，人们没有抓到他。

汉武帝大怒，群臣担心害怕，不知怎么办才好。一个名字叫令狐茂的壶关三老上书说："臣下我听说父亲好比天，母亲好比地，子女好比天地间的万物。所以天平地安，阴阳和谐，万物就能繁茂生长；父慈母爱，家庭之内，子女也就孝顺。如果阴阳不和就会导致万物受伤早死，父子不和就使家庭丧乱死亡。所以父亲不像父亲，儿子也就不像儿子；国君不像国君，臣民也就不像臣民，就是有粮食，我们能吃得上吗!古时候的虞舜，是个极为孝顺的人，却不合他父亲瞽叟的心意；孝己遭诽谤，伯奇被流放，本来骨肉最亲，却父子相疑，这是为什么呢? 就是怨恨积累得越来越多造成的。由此看来，儿子没有不孝顺的，只是做父亲的有时不明察。当今皇太子是汉朝的嫡出继承人，承接千秋万代之业，身受祖宗的重托，以亲缘而言他是您的嫡长子啊。江充不过是个布衣百姓，民间乡里中卑贱小吏罢了，陛下让他显耀而予以重用，他误传您至高无上的命令来迫害、难为皇太子，伪造掩饰奸邪诡诈，一帮小人颠倒是非，致使亲人之间有了隔阂不得沟通。太子进前承恩却得不到皇帝的接见，恬退自守又被乱臣围困，因为遭受冤枉而无处申诉，忍不下悲愤的心情，这才起兵杀了江充，事后心里害怕才逃逃外出，这不过是儿子偷着用父亲的兵力来解难自救罢了，臣下我私下认为太子没有邪心。《诗经》有云，'飞来飞去的黑苍蝇，落满藩篱；平易善良的君子，不要听信谗言；谗言没完没了，就会使四邻各国纷乱不安。'从前江充进谗言害死赵王的太子，天下无人不知，他被杀死本就应该。现在陛下在没有洞察实情的情况下，认为是太子犯了错而严加责备，盛怒难抑，调发大军来抓太子，三公大臣都明哲保身，聪明人不敢说，善言者不敢辩。臣下我暗自为此痛心。我听说伍子胥为了尽忠心而失去了尊号，比干为了尽仁德而牺牲了自己，忠臣竭尽忠诚，不顾刀斧加颈来陈述自己的意见，其目的就在于匡扶国君安定社稷。《诗经》有云，'把那些进谗言的坏人抓起来，去扔给豺狼虎豹吃。'希望陛下宽慰心意，稍微体察父子亲情，不要为太子的错误忧虑不安，赶快撤回军队，别让太子长时间在外流亡。臣下不胜恳切，一旦王命发出，我待罪建章门阙之下恭受责罚。"书信奏上，汉武帝看罢受到感动，有所醒悟。

太子出逃，往东跑到湖县，躲藏在泉鸠里百姓家。这家人贫穷，常常卖鞋来供养太子。太子有旧友住在湖县，听说该旧友资财丰足，就派人前去传呼，由此被人发现。当地官吏带人来围捕太子，太子心想逃不掉了，就进到屋中闭上门上吊自杀。山阳县大汉张富昌是个士卒，他一脚把门踢开，新安县令史李寿急忙上前把太子解下抱住，那家主人与士卒格斗而死，两个皇孙一起遇害身亡。汉武帝虽为太子之死悲伤，却还是颁下诏书说："施行许诺的赏赐，是为了申明信义。封李寿为邗侯，张富昌为题侯。"过了很长时间，证实巫蛊害人的事大多不真实。汉武帝知道太子只是心感害怕才逃，没有别的企图，加上车千秋再次为太子申诉冤屈，汉武帝就提升车千秋为丞相，然后把江充全家抄斩，苏文在横桥上烧死，在泉鸠里刀伤太子的那个人先前被封为北地太守，后来也满门抄斩。汉武帝痛心太子无罪而死，就修建了思子宫，还在湖县建起了归来望思之台。天下人听说这件事后也都为之难过。

（三）评析

卫太子巫蛊案是汉朝历史上一起著名冤案，汉代迷信，对巫术诅咒处以重刑，并常与谋反，谋大逆相关联，本案源于巫蛊，继以谋反，前后牵连而被诛杀之人数万，体现出封建专制集权统治之弊端。而在帝王集权统治下广大的民众，乃至高级官员都不过是政治事件的牺牲品。

四、强项令董宣

（一）案例原文

董宣字少平，陈留圉人也。初为司徒侯霸所辟，举高第，累迁北海相。到官，以大姓公孙丹为五官掾。丹新造居宅，而卜工以为当有死者，丹乃令其子杀道行人，置尸舍内，以塞其咎。宣知，即收丹父子杀之。丹宗族亲党三十余人，操兵诣府，称冤叫号。宣以丹前附王莽，虑交通海贼，乃悉收系剧狱，使门下书佐水丘岑尽杀之。青州以其多滥，奏宣考岑，宣坐征诣廷尉。在狱，晨夜讽诵，无忧色。及当出刑，官属县馔送之，宣乃厉色曰："董宣生平未曾食人之食，况死乎！"升车而去。时同刑九人，次应及宣，光武驰使骑特原宣刑，且令还狱。遣使者诘宣多杀无辜。宣具以状对，言水丘岑受臣旨意，罪不由之，愿杀臣活岑。使者以闻，有诏左转宣怀令，令青州勿案岑罪。岑官至司隶校尉。

后江夏有剧贼夏喜等寇乱郡境，以宣为江夏太守。到界，移书曰："朝廷以太守能禽奸贼，故辱斯任。今勒兵界首，檄到，幸思自安之宜。"喜等闻，惧，即时降散。外戚阴氏为郡都尉，宣轻慢之，坐免。

后特征为洛阳令。时湖阳公主苍头白日杀人，因匿主家，吏不能得。及主出行，而以奴骖乘。宣于夏门亭侯之，乃驻车叩马，以刀画地，大言数主之失，叱奴下车，因格杀之。

主即还宫诉帝，帝大怒，召宣，欲棰杀之。宣叩头曰："愿乞一言而死。"帝曰："欲何言？"宣曰："陛下圣德中兴，而纵奴杀良人，将何以理天下乎？臣不须棰，请得自杀。"即以头击楹，流血被面。帝令小黄门持之，使宣叩头谢主。宣不从，强使顿之，宣两手据地，终不肯俯。主曰："文叔为白衣时，藏亡匿死，吏不敢至门。今为天子，威不能行一令乎？"帝笑曰："天子不与白衣同。"因敕强项令出。赐钱三十万，宣悉以班诸吏。由是搏击豪强，莫不震栗。京师号为"卧虎"。歌之曰："枹鼓不鸣董少平。"

在县五年。年七十四，卒于官。诏遣使者临视，唯见布被覆尸，妻子对哭，有大麦数斛、敝车一乘。帝伤之，曰："董宣廉洁，死乃知之！"以宣尝为二千石，赐艾绶，葬以大夫礼。拜子并为郎中，后官至齐相[①]。

（二）案情解读

董宣，字少平，陈留郡圉地（今河南杞县南）人。起初为司徒侯霸征召，官至北海相。他上任时，郡中武官公孙丹建造豪宅，而风水先生说这是凶宅，入住后家里一定会死人。公孙丹就纵使儿子杀了一个过路人，移尸新宅，做替死鬼。董宣得知后，就把公孙丹父子收捕斩杀。公孙氏是个大家族，其族亲纠集30余名丁壮，拿着兵器到府衙闹事，为公孙丹父子鸣冤叫屈。董宣以公孙丹曾依附过篡位的王莽为由，认为公孙亲党有串通海贼的嫌疑，于是把这30余人一网打尽，打入死囚牢中，指使门下书佐水丘岑尽数杀戮。青州知府弹奏董宣滥杀无辜，把董宣和水丘岑一并拿下，移交廷尉处理，判了死刑。不料董宣在狱中日夜吟诗唱歌，一点也不忧愁。到了行刑的那天早上，官府送来酒食"辞生"祭奠，董宣拒不吃喝，厉声道："我董宣一生从未吃过人家的东西，况且今日就要死了！"言罢从容登上囚车赴刑。当时同一批斩首的有9人，董宣排在第二号。手起刀未落之际，汉光武帝派来的特使快马驰至，特赦董宣缓刑，押回大牢。特使审问董宣，为何滥杀无辜。董宣把公孙氏一

_____
① 引自范晔.《后汉书·酷吏列传》。

案的前因后果、来龙去脉一一具告，并言明水丘岑是受他的指令杀人的，不应判罪，希望朝廷明察，杀他而保全水丘岑，特使向光武帝如实禀奏，光武帝下旨贬董宣为怀县县令，并让青州府不再追究水丘岑罪责。后来水丘岑官至司隶校尉。

江夏一带有夏喜为首的贼寇犯境作乱，一郡不得安宁。朝廷派董宣为江夏太守。夏喜等一帮贼寇，对董宣的铁腕重典早有所闻，十分害怕，纷纷散伙，缴械降顺。当时外戚阴氏（刘秀发妻阴丽华的亲戚）任江夏郡都尉。董宣不仅不巴结攀附皇亲国戚，反而时时轻慢他，所以不久即被罢官。

董宣为洛阳县令。当时湖阳公主的家奴白天杀了人，因为藏匿在公主家里，官吏无法抓捕。等到公主出门，而用这个家奴陪乘，董宣在夏门外的万寿亭等候，拦住（公主的）车马，用刀圈地，大声数说公主的过失，呵斥家奴下车，接着便把家奴打死了。公主立即回到宫里向光武帝告状。光武帝极为愤怒，召来董宣，要用刑杖打死他。董宣磕头说："希望乞求说一句话再死。"光武帝说："想说什么话？"董宣说："皇帝您因德行圣明而中兴复国，却放纵家奴杀害百姓，那拿什么来治理天下呢？臣下我不等刑杖打，请求能够自杀。"当即用脑袋去撞击柱子，（顿时）血流满面。光武帝命令太监扶着董宣，让他磕头向公主谢罪，董宣不答应，光武帝命资历尚浅的小宦官强迫他磕头，董宣两手撑地，一直不肯低头。公主说："过去弟弟做百姓的时候，隐藏逃亡犯、死刑犯，官吏不敢到家门。现在做皇帝，威严不能施加给一个县令吗？"光武帝笑着说："皇帝和百姓不一样。"当即命令："硬脖子县令出去！"赏赐三十万钱，董宣把钱全部分给手下众官吏。从此董宣捕捉打击倚仗权势横行不法之人，没有谁不害怕得发抖，京城称之为"卧虎"，歌颂他说："董宣衙前没人击鼓鸣冤。"

董宣当了五年洛阳县令，七十四岁时，死在任上。皇帝召令派遣使者探望，只看见布做的被覆盖着尸体，董宣的妻子和儿子相对而哭，家里只有几斛大麦，一辆破车。光武帝很伤心，称："董宣廉洁，到他死我才知道。"因董宣曾经做过二千石，便赏赐绿色丝带，并按大夫的礼节安葬。

（三）评析

"解王莽之繁密，还汉室之轻法"为东汉初年的法制指导思想，光武帝即位不久就连续下诏减省刑罚，还六次下诏，释放官私奴婢，滥杀奴婢者不得减罪，以解放生产力，并恢复了三十税一的赋税制度。这些措施减轻了租赋和徭役，提高了农民生产的积极性，推动了社会经济的发展，建立了必要的法制秩序。同时光武帝率先垂范，尊重法制，官员能够严格执法，这一点在本案中有较明确的体现。正是汉光武帝这种恪守法律的精神才造就历史上"光武中兴"的辉煌时期。而"强项令"董宣刚正严明亦深受百姓爱戴。[①]

---

① 吴丽娟，杨士泰. 中国法制史案例教程[M]. 北京：中央广播电视大学出版社，2007.

五、《春秋决事比》中的案例精选

（一）案情

董仲舒（约公元前 179 至前 104 年），今河北省枣强县广川镇人。青年时代就钻研春秋公羊学，曾经三年闭门学习，连书房旁边的庭园都未曾去观赏。汉景帝时，他被朝廷任命为经学博士。武帝时，他连对武帝的三道策问，受到武帝的赏识。晚年担任胶西王国之相，因担心遭到迫害，就借口年老多病辞职回家。所谓春秋决狱，也称"经义决狱"，主要是直接引用《春秋》等儒家经书的经义作为判案的法律依据。《春秋》是鲁国的编年史，相传孔子写作《春秋》的目的就是为了讨伐乱臣贼子，其指导思想就是儒家的礼义学说。董仲舒是春秋决狱的倡导者，他年老辞职回家后，朝廷每有重大案件，就派廷尉张汤或其他人前去请教如何处理。董仲舒于是作《春秋决事比》，记载二百三十二事，该书后来失传，后人在其他书中找到该书所载的如下几个案例：

1. 过失伤父案

西汉武帝时，甲的父亲乙与旁人丙发生争吵，怒而相互斗殴，丙拔出佩刀刺向乙，甲见情势危急，便拿起杖去击打丙，却误伤了自己的父亲乙。审理案件时，有的司法官吏认为，根据汉朝刑律规定，殴打生父属于严重的不孝罪，应将甲枭首示众。而董仲舒提出反对意见。他引用《春秋》中的例子说，许止尽力服侍患病的父亲，却使父亲病情加重身亡，但许止的主观动机是尽孝，决非有意毒杀父亲，因此被赦免死罪，改判轻刑。在本案中，甲见父亲乙与丙斗殴而持杖救护，也绝不是有意伤害自己的父亲，和律文所说的殴打父亲不同，不应判罪。

2. 匿养子案

西汉武帝时，百姓甲无子，从路边捡到一个弃儿乙抚养，作为自己的儿子。乙长大后，犯有杀人罪，将情况告诉了甲，甲便将乙藏匿起来。案发后二人被捕，按照法律规定，隐匿罪犯要受到法律处罚，但是当时法律又允许亲属之间隐匿犯罪而不负刑事责任。对于该案，有人提出甲并非乙的亲生父亲，隐匿罪犯应当判刑。董仲舒认为，甲和乙虽然不是血缘上的亲子关系，可是抚养多年，形成了实际上的父子关系，根据"父为子隐"的原则，甲是不应论罪的。

3. 殴生父案

西汉武帝时，甲将亲生儿子乙送给了丙，由丙抚养长大。后来有一次甲喝酒喝醉了，就对乙说："你是我的儿子。"乙不知道实情，非常生气，就打了甲二十杖。甲因为遭到本来是自己儿子的乙的殴打，不胜气愤，就跑到官府去告状。按照西汉的法律规定，殴打父母者要处以死刑。董仲舒认为，甲虽然生育了乙，但是不能抚养，送给了丙，在道义上已经断绝了父子关系，所以乙尽管打了甲，也不应按照殴打生父论罪。

4. 盗武库弩弦案

西汉武帝时，武库卒甲偷盗库中强弩的弦，被人发现后逮捕。按照汉朝的法律规定，私自进入兵所居处要受到髡刑的处罚，偷盗边郡兵器价值百钱以上者要处以死刑，并弃市。而甲在盗窃时，弩弦并没有安装在弩身上，两者并不在一个地方。因此有人提出是否不当处死。董仲舒却认为，弦虽然与弩不在同一地方，但不能说弦就不是弩，箭射不中和没有箭是一样的，因此应当判死刑。

5. 寡妇再嫁案

西汉武帝时，女子甲的丈夫乙驾驶海船出航，遇到风暴沉没，溺水而死，尸首漂走无法安葬。四个月以后，女子甲的母亲丙将她嫁给了他人。有人将此事告发到官府。有的官吏认为，甲的丈夫死后未安葬，按照法律规定是不能改嫁的，甲私为人妻，应当判处死刑，予以弃市。董仲舒根据《春秋》的案例认为，丈夫死后，寡妇如果没有儿子，是可以改嫁的，甲是被她的母亲做主改嫁的，并非私为人妻，因此没有犯罪，不应受到惩罚。①

（二）评析

汉武帝采纳董仲舒"罢黜百家、独尊儒术"的主张后，法律思想发生了重大改变。汉朝初年的法律继承秦朝，内容上可能受法家思想影响较大，而当遇到疑难案件时，现行律条不足以征引为据，经义便承担了部分法律的功能，在法典之外构筑细密的法律解释。董仲舒所倡导的"春秋决狱"对后世影响很大，由于法律儒家化历时久长，两汉、三国两晋南北朝，都存在春秋决狱的案件，直至唐律确立了"德礼为政教之本，刑罚为政教之用"，才完成了礼法合一的进程，"春秋决狱"才结束了其历史使命。

---

① 吴丽娟，杨士泰. 中国法制史案例教程[M]. 北京：中央广播电视大学出版社，2007.

第四章　三国两晋南北朝法典精要及案例

第一节　三国两晋南北朝法典编纂情况概述

东汉末年，军阀混战，天下一分为三，魏、蜀、吴鼎足而立。自 220 年曹丕称帝，至 581 年杨坚建立隋朝，在近 400 年的时间里，王朝递嬗更替频繁，成为史上最长的割据对峙大动乱时期，期间经历了三国（魏、蜀、吴）、西晋、东晋、南朝（宋、齐、梁、陈）和北朝（北魏、北齐、北周）诸朝代。

除西晋曾经建立过短暂的统一王朝外，三国两晋南北朝时期长期处于分裂对峙的战乱状态，面对复杂的阶级矛盾和民族斗争，各统治集团都重视用法律武器来维护自身统治，在总结历史兴衰的同时，吸收经验教训，探索新的立法。因此这一时期立法频繁，律学发达，儒家思想开始全面入律，成为法制史上承秦汉、下开隋唐的重要过渡阶段。

一、三国两晋南北朝时期的主要立法思想

两汉四百多年来形成的儒家名教的绝对地位已开始动摇，杂以儒、法、道的主张日益为统治者所重视。在汉末军阀的混战中，代表新兴地主阶级的一代枭雄曹操，就主张"术兼名法""唯才是举"。他并不反对推行儒家的仁义道德观念，但更强调"治定之化，以礼为首；拨乱之政，以刑为先"的以法治国策略。蜀国丞相诸葛亮更是主张一手施教，一手执法，在法律执行上，以实行法家的"壹刑"为原则，不分亲疏，不分尊卑贵贱，一断于法。这种礼法结合的法治主张与秦汉以来形成的封建正统法律思想的发展是一致的。

自西晋王朝统一天下及东晋建立后，政治上曾有过一段短暂的安定时期。当时日益壮大的门阀士族本能地要求以宣扬封建等级、纲常为核心的儒家思想，因而在任用儒臣大规模地修律的过程中，进一步促进了法律的儒家化。秦汉以来，礼法结合为基本特点的封建正统制度至此更广泛地吸收儒家的伦理原则与观点，为隋唐

"一准于礼"的法律制度奠定了重要的基础①。

（一）"治定之化，以礼为首；拨乱之政，以刑为先"②

主张治定礼为首，拨乱刑为先，表明了这一时期的思想家敢于突破"德主刑辅"的成说，以积极务实的精神，面对社会现实，调整治国策略，如诸葛亮治蜀，威法限爵，刑赏并用。在"德政不举，威刑不肃，蜀土人士，专权自恣，君臣之道渐已陵替"的严峻形势下，诸葛亮提出"吾今威之以法，法行则知恩；限之以爵，爵加则知荣。恩荣并济，上下有节。为治之要，于斯而著"③。

葛洪将礼与刑的关系阐述得更为清楚，"故仁者，为政之脂粉；刑者，御世之辔策。脂粉非体中之至急，而辔策须臾不可无也。"儒家的德礼仁爱，不过是政治的粉饰，并非当务之急；刑是巩固政权、驾驭时势不可或缺的工具，因为"威严暂弛，则群邪生心""当怒不怒，奸臣为虎；当杀不杀，大贼乃发"。这是其在动荡的年代里，历经"八王之乱"的切身感受，所以葛洪反对"慕虚名于往古，忘实祸于当己"，强调"匠石不舍绳墨，故无不直之木；明主不废戮罚，故无凌迟之政"④。

（二）严刑重禁和信赏必罚是三国两晋南北朝法律思想的重要特色

"设而不犯，犯而必诛。"曹操早年任洛阳北部尉，便缮治四门，造"五色棒"悬于四门，有犯禁者，不避豪强，皆棒杀之。据《曹瞒传》记载，"尝出军，行经麦中，令'士卒无败麦，犯者死'。骑士皆下马，付麦以相持。于是太祖马腾入麦中。敕主簿议罪，主簿对以春秋之义，罚不加于尊。太祖曰：'制法而自犯之，何以帅下？'然孤为军帅，不可自杀，请自刑。因援剑割发以置地。"曹操的"割发自刑"行为表明了他对待法律的严肃态度和法不屈于尊的重法精神。

诸葛亮"科教严明"，主张自君主以至各级官吏均应恪守法律，不得以个人一时的喜怒好恶，干扰法律的公正实施，强调法律的普遍性。他在《前出师表》中写道，"宫中府中，俱为一体，陟罚臧否，不宜异同。若有作奸犯科及为忠善者，宜付有司论其刑赏，以昭陛下平明之理。不宜偏私，以内外异法也。"诸葛亮在统军执政中，坚持贯彻执行这些原则。如街亭之败，他挥泪斩马谡，依功升陈平，且引咎自责，上疏自贬三等。诸葛亮既严于责人，又严于律己，故其"刑政虽峻而无怨者"⑤。

信赏罚，曹操、诸葛亮都主张信赏必罚，厚赏重罚。诸葛亮认为，"赏罚之政，谓赏善罚恶也。赏以兴功，罚以奸禁，赏不可不平，罚不可不均。赏赐之所施，则勇士知其所死；刑罚之所加，则邪恶知其所畏。故赏不可虚施，罚不可妄加。尽忠益时者虽仇必赏，犯法怠慢者虽亲必罚。"⑥曹操认为，"治平尚德行，有事赏功能。"

① 王立民. 中国法制史[M]. 上海：上海人民出版社，2003：146-147.
② 引自陈寿.《三国志·魏志·高柔传》。
③ 引自陈寿.《三国志·蜀志·诸葛亮传》。
④ 引自葛洪.《抱朴子·外篇·用刑》。
⑤ 引自陈寿.《三国志·蜀志·诸葛亮传》。
⑥ 引自诸葛亮.《便宜十六策·赏罚》。

"功能"是赏赐的唯一标准，不分君子小人。"进有厚赏，退有严刑，赏不愈时，刑不择贵。"三国两晋南北朝时期，"信赏罚"是军事立法、司法的指导思想。各封建割据政权都注重运用法律手段规范赏罚，以团结军心，激励将士在兼并战争中冒死作战。

二、三国两晋南北朝时期主要立法活动

（一）三国的立法

东汉以后，魏、蜀、吴三国鼎立政权的法规基本上都沿用了汉制，承袭汉律，以表示其汉室的正统地位。三国统治者在具体问题上并不反对推行儒家的仁义道德观念，但在选择治国立法的根本方策上，他们都采用了法家所主张的以法治国的策略。①在此基础上，各国也有自己编纂的法律，如魏有《甲子科》和《新律》（即《魏律》），蜀有《蜀科》，吴有《科条》《科令》。其中，最有影响力的是曹魏的《新律》。

（二）两晋的立法

两晋王朝建立后，各有一段相对稳定的发展时期。此时期以大家族为特征的豪门士族势力不断扩大，儒家传统的礼义教化观念进一步找到广泛的社会基础，儒家学说日益受到统治者的重视。两晋统治者把儒法两家学说有机地结合在一起，主张礼法并用，儒家学说进一步法典化；进一步总结历代立法经验，立法水平有了很大的提高，晋律删繁就简，法典体例进一步完善②。曹魏末年，晋王司马昭把持政权，开始制定法律，但律未修完，晋已代魏。于是，在晋武帝泰始四年（公元268年）正式在全国颁布新律，史称《泰始律》，又称《晋律》。在《晋律》完成后，当时著名的律学家张斐、杜预为其作注，经晋武帝批准一并颁行，注解与律文具有同样的法律效力。因此，后世也将其注解与《晋律》统称为"张杜律"。张斐、杜预"兼采汉世律家诸说之长"，表现了当时律学发展的最高成果，使之更便于统治者的理解和运用，对后世法典的制定产生了极大的影响。

（三）南北朝的立法

公元420年，刘裕废晋帝，建立刘宋王朝，即南朝时期的开始。南朝包括相继占据江南的宋、齐、梁、陈四个王朝，历时160多年。与南朝对峙的北朝，指东晋与十六国以后相继统治中国北方的北魏、北齐、北周等朝代。南朝的统治者多拘守魏晋的主张。其中，南宋、南齐均援用《晋律》，未订新律。而北朝的统治者们均为鲜卑贵族或鲜卑化的贵族，出于对广大中原地区的统治需要，都十分注重吸收汉族的先进文化，他们以审慎的态度，招用大批汉族律学家，进行了大规模的法典、律令的编纂、修订工作。整体上来说，北朝的立法是优于南朝的。其中《北魏律》和

---

① 于语和，尚绪芝. 中国法制史[M]. 天津：天津大学出版社，2003：56.
② 于语和，尚绪芝. 中国法制史[M]. 天津：天津大学出版社，2003：57.

《北齐律》上承汉、魏、两晋，下启隋唐，在我国封建法典的发展过程中，起到重要的承上启下的作用，对后世的影响远超南朝。

第二节　三国两晋南北朝时期的主要法典

一、《新律》

魏武帝曹操在位时，因天下三分，战事频繁，无暇组织编纂新的法典，基本沿用秦汉旧律。魏明帝即位后，鉴于"法令滋章，犯者弥多，刑罚愈众，而奸不可止"①，即汉末律令繁杂，刑罚苛重，诏令尚书陈群等人参酌汉律，制定了《魏律》十八篇，又称曹魏《新律》，于太和三年（公元 229 年）十月颁行。虽然《魏律》早已散佚，但从《晋书·刑法志》中的记载来看，还是对汉律进行了较大的修改。

（1）在篇目上，由原来的 9 篇增加到 18 篇，即在汉代萧何造律 9 篇的基础上，增加了劫略、诈伪、毁亡、告劾、系讯、断狱、请赇、惊事、偿赃等九篇。它纠正了《九章律》"篇少则文荒，文荒则事寡，事寡则罪漏"的纰漏之处，在立法上初步做到了"文约而例通"，使法典的内容更丰富，结构更合理。

（2）在体例上，《新律》"集罪例以为刑名，冠于律首"，以刑名列于篇首，是《新律》的自创。据《晋书·刑法志》记载，"今制新律，宜都总事类，多其篇条。旧律因秦法经，就增三篇，而具律不移，因在第六。罪条例既不在始，又不在终，非篇章之义。故集罪例以为刑名，冠于律首。"《新律》改具律为刑名冠于律首，起到了统帅全律的作用，克服了"罪条例既不在始，又不在终"的弊端，使法典体例逐渐完善化，并为后世所沿用。

（3）在内容上，调整删减篇目条文。据《律略论》记载，"于正律九篇为增，于旁章科令为省矣。改汉旧律不行于魏者皆除之。"《新律》在修订过程中，一方面积极借鉴秦汉的立法经验，但又不拘泥于秦汉旧律，而是从当时政治经济的需要出发，增设新律目，删削一些不符合当时社会实际情况的"旁章科令"。此外，《新律》在编纂的过程中还针对汉律中互相重复抵牾的条文，诸如"盗律有贼伤之例，贼律有盗章之文，兴律有上狱之法，厩律有逮捕之事"等"错杂无常"的弊端，通过全面删改和调整，使之更趋严谨统一。

（4）重新统一刑种。《新律》"更依古义，制为五刑"，其刑制有死刑三，髡刑四，完刑、作刑各三，赎刑十一，罚金六，杂抵罪七，共计三十七种。

---

① 引自陈寿.《三国志·魏志·明帝纪》。

（5）推动了法律儒家化的进程。参与制定《新律》的陈群、刘劭都是以儒学为宗，提倡礼治的。因此，他们在修订的过程中，将儒家礼的基本精神渗透其中，推动了法律儒家化的进程。《新律》根据"亲亲"的原则规定，"除异子之科，使父子无异财也。殴兄姊加至五岁刑，以明教化也。"本于"尊尊"原则，一方面严厉打击谋反、大逆等直接威胁皇权的犯罪，如《新律》规定"谋反大逆，临时捕之，或污潴，或枭菹，夷其三族，不在律令，所以严绝恶迹也"①。另一方面，《新律》又特别保护士族豪门的法律特权，除沿袭前代的上请制度及赎刑外，又依《周礼》之"八辟丽邦法"，创设了"八议"制度，即皇亲国戚、大贵族大官僚犯罪以后，都可以享有宽宥或减免刑罚的特殊优待。《唐六典》注曰："八议自魏、晋、宋、齐、梁、陈、后魏、北齐、后周及隋皆载于律，是八议入律始于魏也。"由于"八议"制度对于维护封建等级特权具有特别重要的意义，故自曹魏入律，历代相沿，直至明清。②

二、《泰始律》

《泰始律》共20篇，620条。其篇目包括：刑名、法例、盗律、贼律、诈伪、请赎、告劾、捕律、系讯、断狱、杂律、户律、擅兴、毁亡、卫宫、水火、厩律、关市、违制、诸侯。其主要特点如下。

（1）《泰始律》将原先的刑名分为了刑名、法例两篇，这对于后世王朝完善法典总则起到了很大的作用。此外，将律和令明确分开，对于稳定的法令称为"律"，而"令"则是临时性的条款，一旦违令则有罪入律。这样可起到"律以正罪名，令以存事制"③的作用，解决了自汉朝以来律令混杂、互相矛盾的问题。

（2）《晋律》引礼入律，礼律并重。由于《晋律》出自众多名儒之手，礼义道德观念和规范越来越多地渗透到法典当中，因此礼的基本精神和原则得到了充分的贯彻。最具特色的就是"峻礼教之防，准五服以制罪"④，将属于"礼"的"五服制"引入法典，即突出儒教伦常的法制化，以刑律来维护礼教的防线，凡是违反礼教的犯罪，均要处以重刑。在定罪量刑时，要贯彻"尊卑叙，仁义明，九族亲，王道平"的原则，同时明确提出了以区别亲疏的"五服"来确定罪行的轻重。

（3）《晋律》文字简约，法律概念规范化。杜预称其为"文约而例直，听省而禁简"⑤。《晋律》以汉魏律为基础，删去了《魏律》中劫略、惊事、偿赃、免坐四篇，增加法例、卫宫、水火、关市、违制、诸侯六篇，共二十篇，620条，27657

---

① 引自房玄龄.《晋书·刑法志》。
② 王立民. 中国法制史[M]. 上海：上海人民出版社，2003：151-152.
③ 引自李昉等.《太平预览·杜预律序》。
④ 引自房玄龄.《晋书·刑法志》。
⑤ 引自房玄龄.《晋书·杜预传》。

字。①同时，由于有张、杜的注解，体例更加严谨，比以往的法典更加规范、科学。

三、《北魏律》

北魏是鲜卑人建立的政权。鲜卑贵族拓跋氏入主中原，推行封建化的政策，重视吸收汉族的先进文化，加强法制建设，巩固自己的政权统治。自拓跋珪建国以来，北魏便开始频繁地修订法律，至孝文帝时期，君王更是亲自主持修律，最终于宣武帝正始元年（公元 504 年），经常景、侯坚固等十几人的编修，完成了《北魏律》的撰写。《北魏律》据记载共二十篇，但从《唐律疏议》中仅见 15 篇，即刑名、法例、宫卫、违制、户律、厩牧、擅兴、贼律、盗律、斗律、系讯、诈伪、杂律、捕亡、断狱。它根据汉律，参酌魏、晋律，从刑法原则到刑名、罪名等方面的规定都在总结前代法律的基础上有所发展。由于《北魏律》融汇了汉代以来的儒学和律学，将更多的儒家规范纳入法律，所以陈寅恪在《隋唐制度渊源略论稿》中称，"北魏前后定律能综合比较，取精用宏，所以能成伟业，实有其广收博取之功并非偶然所致也，"确立了其很高的历史地位。更是有"唐宋以来相沿之律，皆属北系，而寻流溯源，又当以元魏之律北系诸律之嚆矢"的说法。②由此更见《北魏律》历史地位之高。

四、《北齐律》

公元 550 年，在东魏执掌国政的高洋取代东魏建立北齐，自称文宣帝，同年即诏命崔昂、封述着手制定法律。历时 15 年，最终在武成帝河清三年（公元 564 年）撰成齐律，史称《北齐律》。《北齐律》共计 12 篇，949 条，它把"刑名""法例"合为一篇，称为"名例"，仍置于全律之首，作为总则统筹其余十一篇，即禁卫、婚户、擅兴、违制、诈伪、斗讼、贼盗、捕断、毁损、厩牧、杂律，这种体例为隋唐以至明清法典所相沿不改。除了在体例上将法典进行了由繁到简的改革，在内容上，《北齐律》首次将严重危害封建统治秩序的重大犯罪归为"重罪十条"，至隋唐确立为"十恶"，成为后世法典中的一项重要制度，一直沿用至明清。同时，《北齐律》确立的死、流、徒、杖、鞭五刑，也为隋唐的笞、杖、徒、流、死五刑体系奠定了基础。

《北齐律》总结吸收了汉魏以来的立法和司法实践经验，"法令明审，科条简要"③，体现了较高的立法水平。此外，程树德在《九朝律考·北齐律考序》中评论称，将《北齐律》和《唐律》做比较，"盖唐律与齐律，篇目虽有分合，而沿其十

---

① 曾宪义. 中国法制史[M]. 北京：中国人民大学出版社，2000：105.
② 程树德. 九朝律考·后魏律考序[M]. 北京：中华书局出版社，2003：333.
③ 引自魏征.《隋书·刑法志》。

二篇之旧；刑名虽有增损，而沿其五等之旧；十恶名称，虽有歧出，而沿其重罪十条之旧……故读唐律者，即可因之推见齐律"。如果将同一时期各朝法律进行横向比较的话，"南北朝诸律，北优于南，而北朝尤以齐律为最"①。

五、三国两晋南北朝时期的其他法典

（1）蜀国《蜀科》。刘备、诸葛亮皆以继汉正统而自居，故蜀汉政权在法制建设上，基本遵行汉律。在《三国志·蜀书·伊籍传》中曾提到制定《蜀科》一事，即由伊籍与诸葛亮、法正、刘巴、李严五人共同制定《蜀科》。

（2）北周《大律》。北周于武帝保定三年（公元 563 年）由司宪大夫拓跋迪编成《大律》，即《北周律》，共 25 篇，1537 条。与《北齐律》相比，《北周律》篇目增加 13 篇，法条增加 588 条，致有"其大略滋章，条流苛密，比于齐法，繁而不要"②，因此被认为是一味尚古，不切实际。

第三节 三国两晋南北朝时期的经典案例

一、毋丘甸妻女应从诛被宽恕案

（一）案例原文

及景帝辅政，是时魏法，犯大逆者诛及已出之女。毋丘俭之诛，其子甸妻荀氏应坐死，其族兄颛与景帝姻，通表魏帝，以丐其命。诏听离婚。荀氏所生女芝，为颍川太守刘子元妻，亦坐死，以怀妊系狱。荀氏辞诣司隶校尉何曾乞恩，求没为官婢，以赎芝命。曾哀之，使主簿程咸上议曰："夫司寇作典，建三等之制；甫侯修刑，通轻重之法。叔世多变，秦立重辟，汉又修之。大魏承秦汉之弊，未及革制，所以追戮已出之女，诚欲珍丑类之族也。然则法贵得中，刑慎过制。臣以为女人有三从之义，无自专之道，出适他族，还丧父母，降其服纪，所以明外成之节，异在室之恩。而父母有罪，追刑已出之女；夫党见诛，又有随姓之戮。一人之身，内外受辟。今女既嫁，则为异姓之妻；如或产育，则为他族之母，此为元恶之所忽。戮无辜之所重，于防则不足惩奸乱之源，于情则伤孝子之心。男不得罪于他族，而女独婴戮于二门，非所以哀矜女弱，蠲明法制之本分也。臣以为在室之女，从父母之诛；既

---

① 程树德. 九朝律考·后魏律考序[M]. 北京：中华书局出版社，2003：333.
② 引自魏征.《隋书·刑法志》。

醮之妇，从夫家之罚。宜改旧科，以为永制。"于是有诏改定律令。[①]

(二)案情解读

此案发生在曹魏高贵乡公正元二年(公元 255 年)，毋丘俭，今山西闻喜人，字仲恭，曾经担任荆州、幽州刺史，转任镇南将军。当时司马师继任父亲司马懿，担任魏国的大将军，专擅国政，废了魏帝曹芳，改立曹髦(即高贵乡公)为帝。正元元年(公元 254 年)，毋丘俭与前将军文钦谋划讨伐司马师来复兴魏国。第二年，兵败被杀，这次起兵也被定为大逆。

按照当时魏国的法律规定，犯大逆罪的，要株连到已经出嫁的女儿。毋丘俭起兵失败后，其子毋丘甸的妻子荀氏是大臣荀颛的族妹，而荀颛又与司马师联姻，便由荀颛上表于高贵乡公，请求宽恕荀氏的性命。高贵乡公下诏让荀氏与毋丘氏离婚，荀氏得以不死。荀氏还有一个女儿毋丘芝，为颍川太守刘子元妻，按照这一条律文也应该连坐被处死，当时因为正怀孕，被关押在廷尉狱中。荀氏爱自己的女儿，想救女儿的性命，就上言司隶校尉何曾，请求没己身为官婢，以赎回自己的女儿毋丘芝的性命。

何曾可怜她，就命司录主簿程咸上书评议称，"根据《周礼》的记载，古人设置司寇制定法典，刑新国用轻典，刑平国用中典，刑乱国用重典，情况不同刑罚也不同。甫侯制定《吕刑》规定：上刑适轻，下服；下刑适重，上服。然而遇上衰乱的时代，刑罚就变化很多。秦朝就规定了很多残酷的刑罚，汉朝又对秦朝的刑罚进行了修改。而魏国延续了秦汉刑罚的弊端，还没有来得及改革这种因为犯罪而株连到已经出嫁女儿的法律制度。原先法律之所以这样规定，其目的是使坏人的整个家族全部绝灭。可是法律可贵的地方在于符合中道，刑罚一定要注意不要逾越制度。我认为女人应有三从之德，也就是在家从父、出嫁从夫、夫死从子，从来没有女人自作主张的道理。女人出嫁到夫家以后，已经与原先在家时不同了，即便她回家给父母服丧，也要减轻她的服制，仅这一点就足以说明女子完成到夫家应有的礼节后，她与娘家人的关系已经不同于在娘家时的那种亲密关系了。然而按照现在法律的规定，父母如果有罪，要牵连到已经出嫁的女儿；而丈夫的亲族因罪被杀，女子也要随从受到杀戮。一个女子，既要随从夫家受到刑罚，也要随从娘家受到刑罚，内外受刑，一身要承担两家的刑罚。按道理说，女子出嫁后就成为异姓的妻子，如果生了小孩，就成为他族的母亲。犯人犯罪，怎么会去勾结已经出嫁的妇女呢？如今株连已经出嫁之女的做法完全是忽略了犯罪人的意图，而过分处理杀戮了无罪的受到牵连的家属。这种做法从防止犯罪的角度说并不能阻断犯罪的源泉，从感情上则伤害孝子的心。我讲这些道理，并非仅仅同情女子的境遇，而是要说明法律本来应该如何规定。我认为没有出嫁的女子，应当随从父母而受诛。而已经出嫁的妇女则随

---

① 引自房玄龄.《晋书·刑法志》。

从丈夫家而受诛。应该修改原先的法律规定，将这作为制度规定下来。"于是皇帝下诏修改了法律。①

（三）评析

本案基于程咸的建议，曹魏末期一度废除了出嫁之女与父母连坐的责任，使株连的范围有所缩小，是为法制史上一大改革。

西晋以后对于曹魏时期夷三族之刑不适用于已经出嫁之女的规定，基本予以沿用，但谋反罪例外。《晋书·刑法志》记载，"除谋反，适养母出、女嫁，皆不复还坐父母弃世。"谋反重罪，已出之女也不能免除。后来又进一步改为不论是否出嫁，女儿皆不连坐，夷三族之刑不再包括妇女，相比曹魏时期确为一大进步。

二、范坚阻止赦免邵广死罪案

（一）案例原文

坚字子常。博学善属文。永嘉中，避乱江东，拜佐著作郎、抚军参军。讨苏峻，赐爵都亭侯。累迁尚书右丞。时廷尉奏殿中帐吏邵广盗官幔三张，合布三十四，有司正刑弃市。广二子，宗年十三，云年十一，黄幡挝登闻鼓乞恩，辞求自没为奚官奴，以赎父命。尚书郎朱映议以为天下之人父，无子者少，一事遂行，便成永制，惧死罪之刑，于此而弛。坚亦同映议。时议者以广为钳徒，二儿没入，既足以惩，又使百姓知父子道，圣朝有垂恩之仁。可特听减广死罪为五岁刑，宗等付奚官为奴，而不为永制。坚驳之曰："自淳朴浇散，刑辟仍作，刑之所以止刑，杀之所以止杀。虽时有赦过宥罪，议狱缓死，未有行小不忍而轻易典刑也。且既许宗等，宥广以死，若复有宗比而不求赎父者，岂得不摈绝人伦，同之禽兽邪！案主者今奏云，惟特听宗等而不为永制。臣以为王者之作，动关盛衰，颦笑之间，尚慎所加，况于国典，可以徒亏！今之所以宥广，正以宗等耳。人之爱父，谁不如宗？今既居然许宗之请，将来诉者，何独匪民！特听之意，未见其益；不以为例，交兴怨讟。此为施一恩于今，而开万怨于后也。"成帝从之，正广死刑。后迁护军长史，卒官。②

（二）案情解读

范坚，字子常，学识渊博，擅长写文章。晋朝永嘉年间，在江东避乱，被任命为佐著作郎、抚军参军。因为征讨苏峻有功，皇帝赏赐给他都亭侯的爵位，一直升任到尚书右丞。

晋成帝咸康年间，廷尉上奏揭发殿中账吏邵广盗窃了三张帐幕，折合三十匹布，主管部门准备把他处以死刑示众。邵广有两个儿子，邵宗十三岁，邵云十一岁，他们手持黄色旗击鼓鸣冤，祈求帝王听到鼓声后能够开恩，表示希望自己沦没为奚官奴来赎父亲的性命。尚书郎朱暎认为天下做父亲的没有儿子的很少，如果赦免了邵广的死罪，就会成为永久的制度，恐怕以后对犯罪者适用死刑的刑罚制度就要废除。当时参与合议的人大多认为判处邵广服钳徒刑，两个儿子当奚官奴，就足算是惩戒了，这样可以让百姓懂得子报父恩的道理，也可以表现出朝廷施恩于民的仁政。所以他们建议格外开恩，免去邵广的死罪而改为五年徒刑，让邵宗、邵云去做奴仆，但考虑到尚书郎朱暎的意见，为了避免犯死罪者利用这一办法逃避死罪，这种办法不能成为永久不变的制度。讨论到此，好像双方的意见都照顾到了。

但是范坚却持反对意见，他反驳说："自从淳朴的社会风气丧失殆尽，刑罚就产生了，给犯人判刑是为了阻止再有坏人犯罪，杀掉罪犯是为了阻止再有坏人犯死罪。即使有时候会赦免宽恕罪犯，或者经过合议判定减缓死罪，但还没有仅仅因为不忍心就轻易改变刑法的。"他认为皇帝每做一件事情都必须谨慎，"如果应允邵宗等人的请求，宽恕了邵广的死罪，以后再发生类似邵广这样父亲被判处了死罪，做儿子的却不能乞求赦免父亲的死罪，岂不成了抛弃伦理关系，像禽兽一样了吗？如今主持判案的人呈上奏章说，只是在这个案件中准许邵宗等人的请求，并不把它作为一项永久不变的制度。我认为帝王做每一件事情，都关系着国家的兴衰。一言一笑，尚需十分谨慎，何况对国家法典，怎么能够随意放松呢？"他认为皇帝要考虑到此案对以后的影响，"如今之所以宽恕邵广，正是由于邵宗等人的请求。其实，人子爱护父亲，谁不如邵宗？现在若允许邵宗的请求，对于将来的诉讼，难道只限于官宦人家才放宽吗？若提出'特殊准许'，看不出有什么好处，即使下不为例，也会招致很多痛恨和怨言。这就是今天施一点恩惠，将来却惹出无穷怨恨的道理。"晋成帝采纳了范坚的意见，依照法律判决了邵广死刑①。

（三）评析

本案中所涉为特殊情况能否赦免的问题，邵广由于盗窃应判死刑，根据法律及有关经典著作，该情况不属于可以赦免之列。因为邵广的两个儿子提出愿意没为奴隶而免除父亲的死刑，有关司法官员认为出于同情考虑可以为其开个特例，但这种特殊情况不可成为定制而规定下来。对此，范坚明确表示反对，他认为赦免的适用应该非常慎重，不能仅因为同情就滥行赦免，违背法律的普遍性和严肃性，且此例一开，后患无穷，以后的子女遇此情形就必须提出没为奴役，以彰孝心，从而造成法律执行中的制度和伦理障碍，法律权威难以维系。

---

① 周红兴. 中国历代法制作品选读（上）[M]. 北京：文化艺术出版社，1988：130-132.

三、羊聃适用八议案

（一）案例原文

羊聃字彭祖，迁庐陵太守，刚克粗暴，恃国戚，纵恣尤甚，睚眦之嫌，辄加刑杀。庾亮执之，归于京都，有司奏聃罪当死，以景献皇后，是其祖姑，应八议。成帝诏曰："此事古今所无，何八议之有？犹未忍肆之市朝，其赐命狱所。"兄子赍尚公主，自表求解婚。诏曰："罪不相及，古今之令典也。聃虽极法，于赍何有！其特不听离婚。"琅邪太妃山氏，聃之甥也，入殿叩头请命。王导又启："聃罪不容恕，宜极重法。山太妃忧戚成疾，陛下罔极之恩，宜蒙生全之宥。"于是诏下曰："太妃惟此一舅，发言摧咽，乃至吐血，情虑深重。朕往丁荼毒，受太妃抚育之恩，同于慈亲。若不堪难忍之痛，以致顿毙，朕亦何颜以寄。今便原聃生命，以慰太妃渭阳之思。"于是除名。顷之，遇疾，恒见简良等为祟，旬日而死。[1]

羊聃，字彭祖，晋庐江太守，为人刚克粗暴。恃国姻亲，纵恣尤甚，睚眦之嫌，辄加刑戮。征西大将军庾亮槛送，具以状闻。右司马奏聃杀郡将吏及民简良等二百九十人，徒谪一百余人，应弃市，依八议请宥。显宗诏曰："此事古今所未有。此而可忍，孰不可忍！何八议之有？下狱所赐命。"聃兄子赍，先尚南郡公主，自表解婚，诏不许。琅邪孝王妃山氏，聃之甥也，苦以为请。于是司徒王导启聃罪不容恕，宜极重法。山太妃忧感动疾，陛下罔极之恩，宜蒙生全之宥。于是诏下曰："山太妃唯此一舅，发言摧鲠，乃至吐血，情虑深重。朕丁荼毒，受太妃抚育之恩，同于慈亲。若不堪难忍之痛，以致顿毙，朕亦何颜自处。今便原聃生命，以慰太妃渭阳之恩。"于是除名为民。少时，聃病疾，恒见简良等曰："枉岂可受，今来相取，自由黄泉。"经宿死[2]。

（二）案情解读

晋成帝年间（公元326—342年），时任庐陵太守的羊聃粗野暴烈，倚仗自己是皇室的亲戚，胡作非为，即便和人有一点小矛盾，也要用刑杀的方式予以报复。他怀疑郡人简良等为贼，连杀两百多人，其中还包括一些婴孩，关押流放一百多人，引起民愤。征西大将军庾亮用槛车押送羊聃于京都治罪。右司马向皇帝上奏说："羊聃按照罪行应当判处死刑，但景献皇后是其祖姑，应当八议。"皇帝认为羊聃的罪行太重了，属于不能原谅的，拒绝适用八议，但考虑到他的特殊身份便以比较体面的方式将其赐死。诏书下达后，羊聃的外甥女，琅琊王太妃山氏入殿叩头为羊聃求情，希望皇帝饶其不死。大臣王导也上奏请求皇帝宽恕，于是皇帝又下诏说："山太妃就这么一个舅舅，听说要处其死刑，愁虑深重，以致吐血。我小的时候曾经受过山太

---

① 引自房玄龄.《晋书·羊曼传》。

② 引自颜之推.《还冤记》。

妃抚育之恩，我对待山太妃就像对待母亲一样。如果因此导致山太妃难忍伤痛而病故，我还有什么脸面存活于世呢？现在就宽恕羊聃一命，以报答山太妃对我的养育之恩吧。"最终，晋成帝还是宽恕了羊聃，将其除名为民。后羊聃因作恶过多，在担惊受怕中得病而亡。[①]

（三）评析

"八议"入律为官僚贵族犯罪而不受到惩罚提供了法律保障。"八议"制度最早见于《周礼》中的"八辟"，从曹魏时期正式入律，而后一直沿用到清朝末年。八议制度表明了封建法律维护官僚富贵特权的本质。北齐时社会矛盾日渐激化，从国家利益出发开始限定八议的适用范围，后来的《唐律疏议》也明确规定："共犯十恶者，不用此律。"统治者划定了八议适用的范围，凡属严重危害国家利益的犯罪，不在八议之列。

四、朱谦之复仇案

（一）案例原文

朱谦之，字处光，吴郡钱唐人也。父昭之，以学解称于乡里，谦之年数岁，所生母亡，昭之假葬田侧，为族人朱幼方燎火所焚。同产姊密语之，谦之虽小，便哀戚如持丧。年长不婚娶。永明中，手刃杀幼方，诣狱自系。县令申灵勖表上，别驾孔稚圭、兼记室刘琎、司徒左西掾张融笺与刺史豫章王曰："礼开报仇之典，以申孝义之情；法断相杀之条，以表权时之制。谦之挥刃酬冤，既申私礼；系颈就死，又明公法。今仍杀之，则成当世罪人；宥而活之，即为盛朝孝子。杀一罪人，未足弘宪；活一孝子，实广风德。张绪、陆澄，是其乡旧，应具来由。融等与谦之并不相识，区区短见，深有恨然。"豫章王言之世祖，时吴郡太守王慈、太常张绪、尚书陆澄并表论其事，世祖嘉其义，虑相复报，乃遣谦之随曹虎西行。将发，幼方子恽于津阳门伺杀谦之，谦之之兄选之又刺杀恽，有司以闻。世祖曰："此皆是义事，不可问。"悉赦之。[②]

（二）案情解读

钱塘人朱谦之幼年之时，生母死亡，埋葬在一块田地旁边。同族人朱幼方放火烧荒，火苗把谦之母亲的坟给烧毁了。谦之的同胞姐姐暗中把这件事告诉了他，谦之虽然年幼，但悲伤得如同在守丧期间一样，长大后也不结婚。到了永明年间，他手持利刃，杀了朱幼方，以为母亲尽孝，复仇后到县衙自首。

县令申灵勖把这件案子写成表章奏上，请求圣裁。扬州别驾孔稚珪、记室刘琎、司徒左西掾张融都联名给当时兼任扬州刺史的豫章王萧嶷建议：礼经有允许复仇的

① 吴丽娟，杨士泰. 中国法制史案例教程[M]. 北京：中央广播电视大学出版社，2007：88-89.

② 引自萧子显.《南齐书·孝义传·朱谦之》。

明文，以表孝义之情；法律又有禁止相杀的条款，以稳定社会秩序。朱谦之挥刀杀仇人，乃是尽孝道，符合礼经的规定；现在自首就死，又表明他遵守国家的法律。如果仍然把他杀了，那他按照法律就属于罪人；如果赦免了他，那他就是盛世的孝子。杀死了一个罪人，不足以弘扬国法，救活了一个孝子，却有助于风化。于是萧嶷就到武帝那里为谦之说情，吴郡太守王慈、太常张绪、尚书陆澄也都上书为谦之讲情。武帝十分赞许谦之复仇的义气，又怕朱氏互相仇杀，就让朱谦之跟随大将曹虎到襄阳去。

谦之将要出发时，朱幼方的儿子朱恽，伺机刺杀了谦之，谦之的哥哥朱选之又刺杀了朱恽。主管官吏上奏，武帝说："这都是义事，不能治罪。"于是把选之也赦免了。这件血亲复仇案件就死亡人数、影响来讲在当时都是非常大的，上至皇帝、下至大小官僚，对复仇大都持肯定态度，而且不惜违背法律赦免罪犯，复仇者也借此一举成名，杀人偿命的天理被置于不顾[①]。

（三）评析

此案在当时乃至历史上都是影响比较大的案件。一方面惊动了最高层，另一方面本案属于连环复仇案件，涉及的人数较多。按照法律规定都属于杀人案件，都应受到法律制裁，但齐武帝倡导孝道，赦免了朱谦之，对于后续的复仇杀人皆评价为"此皆是义事，不可问，悉赦之"，国家法律在这类案件中难以发挥有效功用[②]。私人复仇在各朝法律一般都是禁止的，但是为了自己的亲人或父母而复仇又符合儒家"孝道"的主流思想，如果依照法律处置则违背了礼教思想。这一矛盾是封建法律与儒家理念所固有，难以调和解决，在本案中表现尤为明显。

---

① 郭成伟. 中华法案大辞典[M]. 北京：中国国际广播出版社，1992：147-148.
② 吴丽娟，杨士泰. 中国法制史案例教程[M]. 北京：中央广播电视大学出版社，2011：92-93.

第五章 隋唐法典精要及案例

第一节 隋唐法典编纂情况概述

南北朝后期，北周灭北齐，公元581年，北周辅政大臣杨坚篡夺了帝位，建立了隋朝，定都于大兴（今陕西西安）。随后，隋灭南朝陈，结束了持续370年的分裂对峙局面，统一了全国。虽然隋朝在历史上只存在了短暂的37年，但开国皇帝隋文帝杨坚制定的《开皇律》，无论在篇章体例，还是在内容上均有颇多自身的特色，具有重要的历史地位。

隋朝末年，隋炀帝穷奢极欲，赋税苛重，滥施刑罚，激化了社会矛盾。关陇贵族集团李渊父子在镇压了隋末农民大起义后，于公元618年，建立了唐朝，定都长安（今陕西西安），唐初的统治者以隋亡为鉴，励精图治，提出了一系列缓和社会矛盾的有效措施，减轻税负，促进了经济发展，并改革了国家法制，最具代表性的法典为《唐律疏议》。唐朝这一系列的法律形式、法典及司法制度为唐前期的社会发展保驾护航，造就了耳熟能详的"贞观之治""开元盛世"等局面。

整体上说，隋唐时期的中国，无论政治、经济还是文化都发展到了一个鼎盛时期，而法制经验在经过了长期的积累沉淀后，也在隋唐时期走向了成熟，最终在隋唐时期写下了最光辉的一页[1]。

一、隋代的主要立法思想和立法活动

隋代建立后，开国君王隋文帝杨坚总结了北周"刑政苛酷"造成的"群心崩溃"的局面，在汲取三国两晋南北朝立法经验的情况下，出于稳定民心、巩固刚刚建立的国家政权的目的，于开皇元年（公元581年）便开始制定法律。至开皇三年（公元583年），终以《北齐律》为蓝本，以"多存宽宥"[2]为指导思想，制定出了著名的《开皇律》。《开皇律》"刑网简要，疏而不失"，不论在体例还是内容方面都成为唐律制定的蓝本。

---

① 曾宪义. 中国法制史[M]. 北京：中国人民大学出版社，2000：116.
② 引自魏征.《隋书·赵绰传》。

隋炀帝杨广夺得帝位后，一方面目睹了隋文帝晚年法令严酷的种种弊端，百姓们"久厌严刻，喜于宽刑"；另一方面为了掩盖自己杀兄弑父、谋得皇位的丑行，通过标榜自身的"宽刑"来笼络人心。于是，在大业三年（公元607年），修订完成《大业律》，其与《开皇律》大体相同，只是在体例上把《开皇律》的十二篇分为十八篇。

二、唐代的主要立法思想和立法活动

唐初，亲身经历了隋末农民大起义的统治集团深刻体会到了人民的力量与人心向背的重要性，充分意识到"为君之道，必须先存百姓。若损百姓以奉其身，犹割股以啖腹，腹饱而身毙"[1]，以唐太宗为首的统治集团以"安人宁国"为治国理政的方针，尽力采取各种措施缓和社会阶级矛盾，吸取亡国历史教训[2]，"动静必思隋氏，以为殷鉴"[3]，形成了自己的法制指导思想。

（一）德主刑辅，礼法并用

关于德与刑，礼与法的关系，自汉武帝以来，统治集团内部的认识逐渐趋于统一，德主刑辅、礼法并用成为主流观点。唐朝的统治者也认为礼与法各有侧重，二者缺一不可，即"德礼为政教之本，刑罚为政教之用"[4]。首先，礼是治国的首要手段。唐太宗认为，治国"礼义为急"[5]。褚遂良认为，"导德齐礼，乃为良器。"[6]王珪提出，"人识礼教，治致太平。"[7]这些思想着眼于治国之本，较前代更加突出了封建礼义道德对法律的指导作用，并在唐律中得到了体现。"礼者君之柄"[8]更是强调国家绝不可弃礼而用法，一旦"重武轻儒，或参以法律，儒行即亏"，则会产生不良后果。其次，治国更不能没有法。魏征提出，"法，国之权衡也，时之准绳也。权衡所以定轻重，准绳所以正曲直。"[9]法就是"权衡""准绳"，一个国家不可以没有法。但是，不可肆意乱用刑，这将导致灭国，"秦乃恣其奢淫，好行刑罚，不过二世而灭"[10]，历史上已有教训。先秦时期，儒法两家各执己见，分别强调德或刑在治理国家中的作用，而唐初统治者则将他们的主张进行了有机的融合，力图做到德刑相济，礼法并用，既重视"德"的指导作用，要求国家制定法律、适用刑法要以

---

①　引自吴兢.《贞观政要·君道》。

②　曾宪义. 中国法制史[M]. 北京：中国人民大学出版社，2000：120

③　引自吴兢.《贞观政要·刑法》。

④　引自长孙无忌等.《唐律疏议·名例》。

⑤　引自吴兢.《贞观政要·太子诸王定分》。

⑥　引自吴兢.《贞观政要·太子诸王定分》。

⑦　引自吴兢.《贞观政要·政体》。

⑧　引自长孙无忌等.《唐律疏议·名例》。

⑨　引自吴兢.《贞观政要·公平》。

⑩　引自吴兢.《贞观政要·君臣戒鉴》。

儒家的礼义为标准；同时又不放弃刑罚的使用，主张"失礼之禁，著在刑书"①，对于严重违背礼的行为必须用刑罚加以制裁。法虽然是"国之权衡""时之准绳"，但不能专任刑法，而要以德礼教化为主，二者的关系"犹昏晓阳秋，相须而成者也"②，又仿佛是"执御之有鞭策也……马尽其力，则有鞭策无所用"③。这表明，要多德少刑，先德后刑，唯其如此，唐律才被后世公认为"一准乎礼，而得古今之平"④。

（二）立法要宽简

为了贯彻"德主刑辅"的主导思想，唐初统治者强调立法务求宽简。"宽"，即宽平，是针对隋朝法律的严苛而言，要求做到减轻刑罚。唐高祖李渊在总结隋朝的教训时曾说："炀帝忌刻，法令尤峻，人不堪命，遂至于亡。"⑤而唐太宗李世民即位后，更是主张"宽仁治天下"，对于刑法的使用尤为慎重。因此，唐初的立法以仁恕宽厚为原则，"削烦去蠹，变重为轻者，不可胜纪"⑥。所谓"简"，即简约，是针对隋朝法律的繁杂而言，要求做到立法简明。唐高祖曾说："法应简约，使人易知。"⑦唐太宗也强调"用法务在宽简"⑧"国家法令，惟须简约"⑨，说明统治者已经认识到法令简约对于官吏严格执法、避免"出入人罪"，以利于百姓知法守法、自觉减少犯罪的作用，因此在立法过程中更加严肃谨慎⑩。这样的立法精神最终使唐律成为中国乃至世界法制史上的经典之作。

（三）保持法律的统一性与稳定性

唐初的统治者认为，法律的内容须保持一致，避免参差，否则会损害法制，不利于治国。唐太宗告诫大臣"不可一罪作数种条"⑪。一旦法律的内容不统一会造成很多弊端，会给奸吏以可乘之机，"若欲出罪即引轻条，若欲入罪即引重条"⑫。唐朝的名臣魏征也曾指出"宪章不一，稽之王度，实亏君道"⑬。

他们还认为，法律内容除统一外，还须稳定，一旦制定，不可频繁变动。这就要求在立法时应当审慎，不轻易制定新的法律，法令一旦制定出来，就要坚决执行，不可轻易改变或废止。唐太宗认为，"法令不可数变，数变则烦，官长不能尽记，又

---

① 引自董诰等.《全唐文·薄葬诏》。
② 引自长孙无忌等.《唐律疏议·名例》。
③ 引自吴兢.《贞观政要·公平》。
④ 引自永瑢、纪昀等.《四库总目·政书类》。
⑤ 引自刘昫.《唐书·刑法志》。
⑥ 引自刘昫.《旧唐书·刑法志》。
⑦ 引自刘昫.《旧唐书·刑法志》。
⑧ 引自吴兢.《贞观政要·刑法》。
⑨ 引自吴兢.《贞观政要·赦令》。
⑩ 曾宪义. 中国法制史[M]. 北京：中国人民大学出版社，2000：121.
⑪ 引自吴兢.《贞观政要·赦令》。
⑫ 引自吴兢.《贞观政要·赦令》。
⑬ 引自吴兢.《贞观政要·刑法》。

前后差违，吏得以为奸。"①他指出经常变更法令是没有好处的。这一思想深深影响着唐律。《唐律疏议·名例》更是明确了法律"一成不可变"。

（四）慎重行刑的思想

唐初的统治者十分重视司法，他们认为法官应该严格依法办案，防止滥刑，应更多体现慎重行刑。唐太宗就要求司法官大公无私，做到"罚不阿亲贵，以公平为规矩"②。如果官吏枉法，则绝无赦免的可能。当时的大臣房玄龄和魏征均主张司法公正，认为应该依法科刑，有罪者应受到处罚，不可"罚不及有罪"③。同时，对于一些重罪者，应规定专门的程序加以审理，避免错案的发生。唐太宗要求，凡"犯罪配流者，宜令所司具录奏闻"④，对于死刑者，都须"由中书、门下四品以上及尚书、九卿议之"。有可矜之情的，还可"录官奏闻"，就是无可矜之情的，也都要经过"三复奏"或"五复奏"后，才可执行⑤。

第二节　隋代的主要法典

一、《开皇律》

《开皇律》是隋朝的第一部法律，也是隋初重要的立法成果。隋文帝即位后，令郑译、杨素等大臣十余人借鉴以往的立法经验与教训，参考魏晋以来的法律文本，主要以《北齐律》为蓝本，以采用适合当前形势的法律为原则，修订新律。然后又在开皇三年（公元583年）反复修改删减，最终确定留有五百条，共十二篇。《开皇律》就此定型。

（一）篇章体例更加简要

《开皇律》继承了《北齐律》"法令明审，科条简约"的立法传统，体例上仍为十二篇，第一篇仍为"名例"，其他十一篇篇名稍做改动，依次为卫禁、职制、户婚、厩库、擅兴、贼盗、斗讼、诈伪、杂律、捕亡和断狱，从而形成了整部法典总则在前、分则在后，实体在前、程序在后的体例格局。

（二）刑罚简明宽平，确立了封律制五刑

就简明而言，《开皇律》减少了条数，删除了死罪81条，流罪154条，徒、杖

---

① 引自司马光.《资治通鉴·卷一九四》。
② 引自吴兢.《贞观政要·择官》。
③ 引自吴兢.《贞观政要·诚信》。
④ 引自吴兢.《贞观政要·忠义》。
⑤ 引自吴兢.《贞观政要·刑法》。

等罪 1000 余条，全律定留 500 条，比号称"科条简约"的《北齐律》减少了近一半。此外，死刑种类只保留了斩、绞两种。就宽平而言，《开皇律》将笞、杖、徒、流、死作为基本的刑罚手段代替了前代的酷刑。同时在对流刑的距离、徒刑的年限及附加刑的数额上均做出减轻的规定，从而确立了轻重有序、规范而完备的封建制五刑体系，即死刑分为斩、绞两等，流刑自一千里至两千里分为三等，每等以五百里为差；徒刑自一年至三年分为五等，每等以半年为差；杖刑自六十至一百分为五等，笞刑自十至五十分为五等，每等均以十为差。这种封建制刑罚体系相比残酷的奴隶制五刑是一种历史性进步，标志着中国古代刑罚由野蛮走向了文明。封建制五刑自此确立后直至明清，一直为后世历代王朝所继承，成为各朝各代法典中的一项基本制度。

（三）创设了"十恶"制度

《开皇律》以北齐提出的"重罪十条"为基础，首次将其定名为"十恶"，并置于篇首，将其作为封建法律重典打击的对象。"十恶"包括谋反、谋大逆、谋叛、恶逆、不道、大不敬、不孝、不睦、不义、内乱，基本概括了严重侵犯国家根本利益、危害封建统治秩序的十种重大犯罪。但凡犯此"十恶"，不仅对本人给予最严重的刑罚制裁，而且要株连家属，没收财产。即使是贵族官僚，也不能享受"八议"和赎刑，甚至不能赦免。自从《开皇律》创设了"十恶"制度，历代封建王朝均给予采纳承袭，将其与"五刑"一起作为法典的基本制度予以保留。

二、《大业律》

作为隋朝的第二部法典，《大业律》是隋炀帝的立法成果。隋炀帝杨广即位后，以为《开皇律》处刑犹重，大业二年（公元 606 年），命苏威、牛弘等修律，于大业三年（公元 607 年）颁布，其体例与《开皇律》不同，将 12 篇改为 18 篇。此律在内容上也与《开皇律》不同，主要是用刑更轻。但是，这部法律并没有切实地得到贯彻实施，只是在形式上"欲袭制礼作乐之名，本无补弊救偏之意"①。真正得到实施的却是那些严酷的法律，如"天下窃盗已上，罪无轻重，不待闻奏，皆斩""为盗者籍没其家"②等，这种不分事实轻重的法律成为加速隋朝灭亡的重要原因之一。

---

① 引自魏征.《隋书·刑法志》。
② 程树德. 九朝律考·隋律考[M]. 北京：中华书局出版社，2003：429.

第三节　唐代的主要法典

一、《武德律》

　　唐朝建立后，唐高祖李渊在全面废除隋朝大业律令的基础上，于武德元年（公元618年）命刘文静等人制定了"五十三条格"，其内容"务在宽简，取便于时"①。这为唐初稳定社会秩序、安定民心起到了积极作用。至武德四年（公元621年），唐高祖见政局趋于稳定，便命裴寂等人以《开皇律》为准，并结合"五十三条格"的内容重新修律。武德七年（公元624年）新律颁行，定名《武德律》。此律共12篇，500条，篇目、刑名及内容基本上沿袭《开皇律》。

二、《贞观律》

　　唐太宗即位后，于贞观元年（公元627年）命长孙无忌、房玄龄等大臣在《武德律》的基础上再次修律，历时十年完成并颁布，史称《贞观律》。此律除保留了《武德》十二篇共500条的体例外，在内容上做了较大程度的修改。首先，废除了斩趾的酷刑，增设加役流，将其作为死刑的减刑，介于常流与死刑之间。唐太宗定律时认为，高祖时期将死刑中的绞减等为斩右趾，虽然能保住受刑人的性命，但仍然属于残酷的肉刑，于是在《贞观律》中改为，应处绞者，直接服加役流刑，即将犯人发放至流放地后，在流刑强制服劳役一年的基础上，增加服劳役两年，以宽恕死刑。由于采用加役流作为宽恕死刑的刑罚，被判处死刑者因此而减少了。其次，区分两种不同的反逆罪，缩小了连坐处死的范围。唐太宗经与众大臣们商议，认为反逆罪要区分两种，一种是"兴师动众"，一种是"恶言犯法"，对于"恶言犯法"者的兄弟不再判处死刑，即"反逆者，祖孙与兄弟缘坐""恶言犯法者，兄弟配流而已"②，缩小了株连死罪的范围，相对减轻了刑罚。最后，完善了五刑、十恶、八议、请、减、赎和官当等一些主要制度。将这些分散在魏晋南北朝时期各个律法中的制度在隋律总结的基础上给予了进一步的完善。《贞观律》大量减少了死刑、流刑，而且化繁为简③。"比隋代旧律，减大辟者九十二条，减流入徒者七十一条。其当徒之法，

---

　　① 引自刘昫.《旧唐书·刑法志》。
　　② 引自欧阳修等.《新唐书·刑法志》。
　　③ 王立民. 中国法制史[M]. 上海：上海人民出版社，2003：183.

唯夺一官，除名之人，仍同士伍。凡削烦支蠹，变重为轻者，不可胜纪"①。因此，清人沈家本曾在《历代刑法考·律令考》中说："唐律以贞观所修为定本。"

三、《永徽律》及《唐律疏议》

永徽二年（公元 651 年），唐高宗命长孙无忌等人以《贞观律》为蓝本，稍加修改制定出了《永徽律》十二篇，共 500 条。同时，鉴于当时科举考试中的明法科缺少统一的标准，需要对律文做出官方解释，而且由于对律的认识各有不同，各个地方在定罪量刑中经常出现畸轻畸重的情况，因此有必要对律文做解释，以解决相应的问题，于是同年唐高宗决定编纂《永徽律疏》，用于阐明《永徽律》的精神实质、重要原则和制度的源流演变和立法意图，并通过问答的形式，解决法律适用中的疑难问题。这些内容被附于律文之下，称为"律疏"，律文与律疏具有同等法律效力。永徽四年，唐高宗批准颁行《永徽律疏》，共 30 卷，史称《唐律疏议》。②

《唐律疏议》共十二篇，500 条，其篇目依次为名例、卫禁、职制、户婚、厩库、擅兴、贼盗、斗讼、诈伪、杂律、捕亡、断狱。名例律列于全律之首，相当于现代刑法的总则，共 6 卷 57 条，是统率其他各篇的大纲，强调"德礼为政教之本，刑罚为政教之用"，贯彻全律的核心。其内容主要如下。

其一，五刑。唐律依照首次在《开皇律》中确定的五刑制度，稍做修改，确立了笞、杖、徒、流、死五种基本的法定刑罚。

（1）笞刑，即用法定规格的荆条抽打犯人的臀或腿，自十至五十，分为五等，是五刑中最轻的一等，用于惩罚轻微或过失的犯罪行为。

（2）杖刑，即用法定规格的法杖击打犯人的臀、腿或背，自五十至一百分为五等，比笞刑稍重。

（3）徒刑，即在一定时期内剥夺犯人的人身自由并强迫其佩戴钳和枷做劳役，自一年至三年分为五等，为兼具羞辱性和奴役性的惩罚。

（4）流刑，即将犯人遣送到指定的边远地区，强制其佩戴钳和枷服劳役一年，并且不准擅自返回原籍，自两千里至三千里分为三等，每等加五百里，仅次于死刑。

（5）死刑，分为斩、绞两种，绞刑稍轻于斩。唐代的五刑制度在历代封建法典中属于较为轻缓的刑制，并且除了犯"十恶"应死之罪、犯"不孝"应处流刑外，其他均允许以铜赎罪，赎金的数额根据刑罚的轻重依次递加。

其二，十恶。"十恶"是对直接危害封建统治阶级根本利益、威胁封建统治秩序的最严重的十种行为予以严惩的一整套规定。这项制度源于《北齐律》的"重罪十条"，隋《开皇律》首次改称"十恶"。唐律将这项制度放入律首"名例律"中，

---

① 引自刘昫.《旧唐书·刑法志》。

② 曾宪义. 中国法制史[M]. 北京：中国人民大学出版社，2000：123-124.

称"五刑之中，十恶尤切，亏损名教，毁裂冠冕，特标篇首，以为明诚"。唐律将"十恶"作为重点打击对象，为"常赦所不原"。

（1）谋反，即谋危社稷，指危害皇帝、危害国家的行为。

（2）谋大逆，指预谋毁坏皇帝的宗庙、山陵和宫阙的行为。

（3）谋叛，指背叛本朝、投奔敌国的行为。

（4）恶逆，指殴打或谋杀祖父母、父母等尊亲属的行为。

（5）不道，指杀一家非死罪三人、肢解人及造蓄蛊毒、厌魅的行为。

（6）大不敬，指盗窃皇帝祭祀物品或皇帝御用物、盗窃或伪造皇帝印玺、调配御药误违原方、御膳误犯食禁、御舟误不牢固以及指斥皇帝、对使臣无人臣之礼等损害皇帝尊严的行为。

（7）不孝，指控告祖父母父母、祖父母父母在别籍异财、对祖父母父母供养有缺、居父母丧身自嫁或服丧违礼、闻祖父母父母丧匿不举哀或诈称祖父母父母死的行为。

（8）不睦，指谋杀或卖五服以内的亲属，殴告夫及大功以上尊长、小功尊亲的行为。

（9）不义，指杀本管上司、受业师及闻夫丧匿不举哀或服丧违礼的行为。

（10）内乱，指奸小功以上亲属、父祖妾及与和者等乱伦性行为。

其三，八议。八议最初起源于西周时期的"八辟"，自三国时期正式写入曹魏律后，一直作为后代封建法典中的一项基本制度出现。唐律在给予确认的同时，也进行了更加全面而详细的规定。

（1）议亲，即皇亲国戚。

（2）议故，即皇帝的亲密故旧。

（3）议贤，即"德行"可供人效法的贤人君子。

（4）议能，即具有杰出军事、政治才能的人。

（5）议功，即对国家有卓越功勋的人。

（6）议贵，即职事官三品以上、散官二品以上以及有一品爵位的人。

（7）议勤，即为国家服务极其勤劳的人。

（8）议宾，即承先代之后为国宾者。

对于属于以上八种的人，享有法律上的"议、请、减、赎、官当、免"等特权。所谓议，即犯死罪者，一般的司法机关无权审理，皆得将其所犯之罪行及应议之理由奏明皇帝，再交由公卿们从轻评议，免于死刑。犯流罪以下，因罪状既轻，自可依规定予以减免。所谓请，就是皇太子妃大功以上亲、应议者期以上亲及子孙，以及官爵五品以上的官吏犯死罪者，上请皇帝裁决，流罪以下减一等。所谓减，就是七品以上官及应请者的亲属，犯流罪以下，可以照例减一等，死罪则不能减免。所谓赎，就是应议、请、减及九品以上官员及七品以上官员的亲属，犯流罪以下的，可以用金钱赎罪。所谓当，即是以官品抵消刑罚，适用于一般的官吏。所谓免，即用免官爵的办法来比作徒刑，是对犯有徒刑以下的官吏的一种优待办法。

唐律中的八议制度已经形成了一个系统，将各级官僚贵族的特权上升为规范、详细的法律制度，办法多样，使不同等级的贵族官员犯罪时，均可通过相应的法律条文减轻甚至免除处罚。除此之外，其一定范围内的亲属还可以享受相应的优待，即所谓"优礼臣下，可谓无微不至矣"①。但是，若犯了"十恶"之罪，则绝不宽恕，因为特权规定的适用是以不危害国家统治秩序的稳定为前提的。

其四，刑法适用原则。唐律作为封建法典的巅峰之作，对历代统治阶级的立法经验做了全面总结。在其名例篇规定了一系列确定犯罪性质和适用相应刑法的基本原则。具体包括：

（1）区分公罪与私罪。即官员犯罪要首先分清是属于公罪还是私罪，所谓公罪，就是"缘公事致罪而无私曲者"，即在执行公务中，由于公务上的关系造成了某些失误，而没有追求私利的犯罪。所谓私罪有两种：一种是"不缘公罪私自犯者"，就是与公事无关的犯罪，如盗窃、强奸等；另一种是"虽缘公罪，意涉阿曲"的犯罪，也就是利用职权，徇私枉法，如枉法裁判等，这类犯罪虽因公事而起，也以私罪论处。首先对公私罪类别进行划分，然后再根据犯罪性质及主观恶性的不同适用轻重不同的刑罚，一般原则是公罪从轻、私罪从重。区分公私罪的主要目的是保护各级官吏执行公务、行使职权的积极性，以提高封建国家的统治效能；同时防止某些官吏假公济私，以权谋私，保证封建法制的统一。

（2）老幼废疾减免刑罚。唐律依据年龄段具体规定了承担刑事责任的原则：①7岁以下90岁以上，虽有死罪，也不判刑；②10岁以下80岁以上及笃疾，犯反逆、杀人应死者，上请，其他犯罪不加刑；③15岁以下70岁以上及废疾，犯流罪以下，可以收赎；④15岁以上70岁以下犯任何罪，均承担完全的刑事责任。同时还规定，犯罪时虽未老疾，事发时老疾者，依老疾论；犯罪时幼小，事发时长大，依幼小论。这些原则表明了立法者轻刑省罚的立法意图，是儒家矜老恤幼的仁政思想的体现。

（3）同居相隐不为罪。唐朝立法者汲取儒家主张的"父子相隐"的思想，并继承了西汉武帝"独尊儒术"中"亲亲得相首匿"的这一基本传统，且在此基础上其允许相隐的范围相比西汉又有所扩大。唐律规定：凡同财共居者以及大功以上亲属、外祖父母、外孙、孙之妻、夫之兄弟及兄弟之妻，有罪皆可互相包庇隐瞒，部曲、奴婢也可以为主人隐瞒犯罪，即使为犯罪者通报消息，帮助其隐藏逃亡，也不负刑事责任。小功以下亲属相容隐者，减凡人三等处罚。唐律规定的目的在于，以法律的力量将儒家的宗法伦理道德观念灌输于全社会，使之成为每个人思想和行为的准则，通过维护封建家族秩序，进而巩固封建国家的统治。但是，犯谋反、谋大逆、

---

① 引自薛允升.《唐明律合编·卷九》。

谋叛者不得适用这一原则，说明维护家族利益必须以维护国家利益为前提。

（4）自首减免刑罚。《唐律疏议·名例》规定："犯罪未发而自首，原其罪。"即犯罪行为尚未被发现之前，主动到官府坦白认罪，构成自首，可以免予追究刑事责任。如果犯罪已被人告发，才去自首，只能减轻刑事处罚。对自首不实或不尽者，均有相应的处罚。唐律中规定的自首是对前代同类规定的继承和发展，其有利于瓦解犯罪分子，提高破案效率，稳定社会秩序。

（5）共犯区分首从。唐律规定两人以上共同犯罪称为共犯，其中"造意为首，余并为从"，即提议的主谋者是首犯，其他参与的为从犯。但在特殊情况下，区分首从的标准不同，如家长与家人共犯，则无论家长是否为"造意"，均以首犯论处。对于共犯的处理原则是，主犯依律处断，随从者减一等处罚。但对于某些严重的犯罪，如谋反、谋大逆、谋叛等，则不分首从，一律严惩。

（6）再犯、累犯加重。《唐律疏议·名例》中规定"诸犯罪已发及已配而更为罪者"为再犯，即犯罪已被告发或已被决配而又犯新罪者，对再犯采取加重处罚的原则。唐律中的累犯是指经官府判决，构成三次以上犯罪的罪犯，即屡教不改的惯犯，这种犯罪危险性较大，比再犯处罚更重，甚至可以加重到死刑。

（7）涉外案件的处理原则。唐朝的时候，外国来唐朝学习、经商的人很多，为了妥善解决这方面的民事或刑事纠纷，《唐律疏议·名例》也规定了处理这类涉外案件的基本原则，即"诸化外人，同类自相犯者，各依本俗法；异类相犯者，以法律论"。根据这一规定，凡属同一个国家的外国人互相侵犯时，依照该国的法律处理；若是中国人与外国人或不同国籍的外国人互相侵犯，则适用唐朝的法律。这样规定的目的既维护了唐王朝的国家主权，又反映了唐朝统治者对外国习俗法律的尊重，有利于各国的正常交往。

（8）类推原则。由于司法实践中可能遇到的问题复杂多样，《唐律疏议·名例》规定："诸断罪而无正条，其应出罪者，则举重以明轻；其应入罪者，则举轻以明重，"即适用类推原则。对那些应当减轻或免除的犯罪，可举出重罪条款以比较轻罪，使犯罪人的刑事责任得以减轻，也就是所谓的"举重以明轻"；对那些应当加重处罚的犯罪，则可以举出轻罪条款以比较重罪，使犯罪人受到较重的刑罚处罚，这就是所谓的"举轻以明重"。这样的规定使法律适用更为灵活，即使某一行为法律没有明文规定，只要被认为是"不应得为而为之"，均可以通过类推制裁。

《唐律疏议》作为唐朝法律的代表，对后代的封建王朝及当时的一些东亚国家的立法产生了深远的影响。宋朝的《宋刑统》虽然在体例和内容上与唐律稍有不同，但它还是沿用了唐律的架构，内容也沿袭了唐律，可以说是"莫远离唐律也"①。后代的明清律仍然受到唐律的影响很大，体例或内容上与唐律相同或相近。正如《四

---

① 陈顾远. 中华法制史概要[M]. 台北：台北三民书局股份有限公司，1977：32.

库全书总目·唐律疏议提要》所载："宋世多采用之。元时断狱，亦每引为据。明洪武初，命儒臣同刑官进讲唐律，后命刘惟谦等详定明律，其篇目一准于唐；至洪武二十二年刑部请编类颁行，始分吏、户、礼、兵、刑、工六律，而以名例冠于篇首。"

此外，当时朝鲜、越南、日本的法律也在不同程度上吸取唐律，并以其为基础，制定本国的法律。朝鲜制定了《高丽律》、越南颁行了《国朝刑律》、日本制定了《大宝律令》。《历朝宪章类志·刑律志》中称："尊用唐宋旧制，但其宽严之间，时加斟酌。"由此可见，唐律在世界法律发展史上占有重要的地位。

四、《开元律》

开元二十二年（公元 734 年），唐玄宗命李林甫、牛仙客、王敬从等大臣刊定《开元律》12 卷和《开元律疏》30 卷，相对于《永徽律疏》并没有实质性改变，只是做了个别字词的调整，是一种继承的关系。

五、《唐六典》

开元十年（公元 722 年），唐玄宗命令大臣以当时的国家行政体制为基础，仿照西周《周官》编纂了记载唐代封建国家行政制度的一部重要文献——《唐六典》。最后于开元二十六年（公元 738 年）完成。其内容主要记载了唐朝国家机构的设置、官员的编制、品级及职责、官员的选拔、任用、考核、监督、奖惩、俸禄、退休等制度和规定，分为理、教、礼、政、刑、事六部分，可以称作中国历史上第一部较系统的行政法典。《唐六典》首次将具有行政性质的立法汇集在一起，经过精心编纂，辅以律、令、格、式。至此，行政性质的立法规范和制度开始从传统的"法""礼"中分离出来，单编为"典"，这种使刑律与行政法典并行的做法也被后世封建王朝所效仿。《唐六典》的编纂是继《永徽律疏》以后唐代立法的又一重大成就。

六、《大中刑律统类》

唐代末年，唐宣宗于大中年间（公元 847 年至 859 年）命左卫率府仓曹参军张戣将刑律各篇分为若干"门"，每门之下又分别附以相关内容的敕、令、格、式，编制成了《大中刑律统类》十二卷。宣宗诏令刑部颁行全国。这种以律为主、分类编排的法典编纂形式便于官吏使用，对后来五代及宋朝的立法产生了重大影响。

第四节　隋唐时期的经典案例

一、隋文帝时群盗案

（一）案例原文

是时帝意每尚惨急，而奸回不止，京市白日，公行掣盗，人间强盗，亦往往而有。帝患之，问群臣断禁之法，杨素等未及言，帝曰："朕知之矣。"诏有能纠告者，没贼家产业，以赏纠人。时月之间，内外宁息。其后无赖之徒，候富人子弟出路者，而故遗物于其前，偶拾取则擒以送官，而取其赏。大抵被陷者甚众。帝知之，乃命盗一钱已上皆弃市。行旅皆晏起早宿，天下懔懔焉。此后又定制，行署取一钱已上，闻见不告言者，坐至死。自此四人共盗一椽桷，三人同窃一瓜，事发即时行决。有数人劫执事而谓之曰："吾岂求财者邪？但为枉人来耳。而为我奏至尊，自古以来，体国立法，未有盗一钱而死也。而不为我以闻，吾更来，而属无类矣。"帝闻之，为停盗取一钱弃市之法。①

（二）案情解读

隋朝建国初年，盗贼横行，扰乱治安，危害政权稳定。隋文帝杨坚十分着急，便召集群臣，征求解决办法。大家众说纷纭。还未来及发言，文帝打断大家，说道："我知道怎么办了。"他下令："凡是知晓、发现盗贼，进行举报的，就将盗贼的家产没收，赏赐给举报人。"起初效果显著，不到一个月时间，内外安宁。可是时间不长，问题就出来了。一些无赖之徒，在富人子弟经常出入的地方，故意放置一些物品，等候他们捡拾，一俟捡起，便将其扭送官府，说是盗窃自家财物，并索要对方家产作为告发盗贼的奖赏，因此被冤枉受害的人很多。文帝知道后，修改诏令，规定："凡是偷盗一钱以上财物的，皆处以弃市。"此令一出，人人自危，每天都早早关门睡觉，很晚起床，恐怕不小心触犯此令，招致灭门之祸。不久，又下诏制，规定私自从官署拿去一钱以上财物的，有人听说或看见而不检举告发者，也要连坐，同偷盗者一样处死。当时，有四个人一起偷了一个桶，还有三个人一起偷了一个西瓜，结果事情败露，就被"实时行决"了。如此严峻的法律，遭到了众人反对。有几个官员拦住正在执事的宰相，说："我们不是求取钱财，只是为了受冤枉的人，请你为我们奏报皇帝，自古以来，各朝代立法，从来也没有偷一文钱就被判处死刑的，一定要取消这么严酷的法律。"宰相上奏文帝。文帝听后，取消了盗取一钱弃

---

① 引自魏征.《隋书·刑法志》。

市之法。①

（三）评析

隋朝开国后，弃后周之法，而采北齐律，刑罚思想亦发生重大改变。由过去的重刑主义转向删繁就简、以轻代重。隋炀帝时，对盗贼的处罚有所加重，即不用上奏，皆处死刑。此法不仅没有遏制盗贼，反而使社会矛盾更趋尖锐，终使隋朝丧失民心，陷入更加孤立的境况以至灭亡，隋末李渊父子在反隋过程中就宣布废除隋末苛法，与民约法，严格军纪，从而瓦解了农民起义军，取得了成功。

二、长孙无忌带刀入宫案

（一）案例原文

贞观元年，吏部尚书长孙无忌尝被召，不解佩刀入东上阁门，出阁门后，监门校尉始觉。尚书右仆射封德彝议，以监门校尉不觉，罪当死，无忌误带刀入，徒二年，罚铜二十斤，太宗从之。大理少卿戴胄驳曰："校尉不觉，无忌带刀入内，同为误耳。夫臣子之于尊极，不得称误，准律云：'供御汤药、饮食、舟船，误不如法者，皆死。'陛下若录其功，非宪司所决；若当据法，罚铜未为得理。"太宗曰："法者非朕一人之法，乃天下之法，何得以无忌国之亲戚，便欲挠法耶？"更令定议。德彝执议如初，太宗将从其议，胄又驳奏曰："校尉缘无忌以致罪，于法当轻，若论其过误，则为情一也，而生死顿殊，敢以固请。"太宗乃免校尉之死。②

（二）案情解读

贞观元年（公元 627 年），唐太宗召长孙无忌入宫议事。长孙无忌匆忙之中忘记解下佩刀，径直而入。待长孙无忌出来时，守门校尉才发现他身上挂着佩刀，吓坏了校尉，立即将此事上报太宗。

此时，尚书右仆射封德彝上奏道："监门校尉不觉无忌带刀入宫，罪当死；无忌误带刀入，可处徒刑二年，罚铜（铜钱）二十斤。"太宗听后，甚合心意，如此可免长孙死罪，只罚金就可以了。正要按此执行，大理少卿戴胄提出异议："陛下若念无忌之功，便不交法司依律处断，固然可宽恕无忌，但若依律，仅罚铜是不够的。守门校尉因无忌而致罪，若论过失，二人一样。若一人生，一人死，有悖于情理。因此，请对校尉也从轻发落。"最后，太宗在群臣合议基础上，下令长孙无忌与守门校尉皆免死。

（三）评析

"十恶"是对危及皇权及封建礼法之罪的严厉制裁。"八议"则是封建统治阶层减等宽免的等级特权。正反两方面措施，根本目的都是维护统治者的地位和特权。

---

① 吴丽娟，杨士泰. 中国法制史案例教程[M]. 北京：中央广播电视大学出版社，2011：99-100.
② 引自吴兢.《贞观政要·公平》。

"十恶"和"八议"相互作用，相互支撑，维护着封建统治的长久安宁。

另一方面，在具体法律适用方面，《唐律疏议》规定了比附制度，即："诸断罪而无正条，其应出罪者，则举重以明轻；其应入罪者，则举轻以明重。"比附制度对后代有很大影响，宋朝以后继续沿袭并有所发展，司法实践中的比附类推不仅援引法律，还援引判例断罪，直到清末亦然。

三、严令子之妻与堂弟田产纠纷案

（一）案情概览

原告白辞，是吐鲁番严令子之妻，严令子逃亡在外。被告严住君，是严令子的堂弟。严令子兄弟三家在同一户名下，共分得土地 23 亩（1 亩约为今 666.67 平方米）。针对其中十亩土地的分配问题，发生了纠纷。景龙三年（公元 709）白辞向县司提起诉讼，要求合理分配土地，起诉词如下："县司：阿白、丈夫严令子跟堂弟住君属同一户，但各自居住，我们户共有四丁，三处房子。我们现受田十亩，这十亩地，除了我丈夫的堂兄严和德是国家卫士，分得四亩外，其余的六亩应该均分。但是堂弟严住君却以我丈夫严令子和小儿子逃亡在外为由，独自占据四亩，只留给我两亩，而且还充当两丁之份，因此我每年要被征收两丁租庸，使我非常困苦，企望给予解决。谨辞。"县司受理此案，并且当地坊正（地方首领）追问严住君，调查情况。坊正通过调查，得到了严住君的供词："我们户的田地分配情况如下：一段王渠地两亩，一段杜渠地两亩，一段樊渠地两亩半，充作伯父及堂兄一丁和一老丁的份；一段樊渠地两亩，充作堂兄儿子之份，另外我还有一小弟，因为当时年龄小，没有授田；一段王渠地一亩，一段匡渠地一亩，这两亩是我住君的份。""我们被授的还有三易部田，总共 23 亩，伯父（老丁）一人每易分得六亩，侄子、住君两个男丁，每易各授两亩。我们三家虽然同籍但是财产不在一起，田地都各自分配完了，不敢偏并授田。去年 8 月，北庭府史匡感给了堂兄之妻阿白一千文钱，充作匡感的弟弟迦吕之地价，有康伏生、匡政的母亲见证。"

（二）评析

唐代均田制设立，使得广大农民获得了较为稳定的生产资料，促进了当时农业生产的发展，对其他行业的发展起到了促进作用，成就了举世闻名的"贞观之治"和"开元盛世"。但是，均田制也使广大小农将生产目标确定为满足家庭生活需要并略有盈余的自给自足状态，妨碍了农民开拓、进取精神的发挥。

唐朝对工商业者的态度亦有变化，以前不授予土地，唐朝则减半授地，是在一定程度上对他们的肯定，有利于促进工商业的发展。唐朝中期"两税法"实施以后，土地制度逐渐变化，国家对土地采取"兼并者不复追正，贫弱者不复田业，姑定额取税而已"的政策，于是"田制不立""不抑兼并"，土地私有产权完全确立，宋及以后诸朝再也没能实行"均田制"①。

四、唐武宗灭佛案

（一）案例原文

以道士赵归真为左右街道门教授先生。时帝志学神仙，师归真。归真乘宠，每对，排毁释氏，言非中国之教，蠹耗生灵，宜尽除去，帝颇信之。

五年春正月己酉朔，敕造望仙台于南郊坛。时道士赵归真特承恩礼，谏官上疏，论之延英。帝谓宰臣曰："谏官论赵归真，此意要卿等知。朕宫中无事，屏去声伎，但要此人道话耳。"李德裕对曰："臣不敢言前代得失，只缘归真于敬宗朝出入宫掖，以此人情不愿陛下复亲近之。"帝曰："我尔时已识此道人，不知名归真，只呼赵链师。在敬宗时亦无甚过。我与之言，涤烦尔。至于军国政事，唯卿等与次对官论，何须问道士。非直一归真，百归真亦不能相惑。"归真自以涉物论，遂举罗浮道士邓元起有长年之术，帝遣中使迎之。由是与衡山道士刘玄靖及归真胶固，排毁释氏，而拆寺之请行焉。

敕祠部检括天下寺及僧尼人数。大凡寺四千六百，兰若四万，僧尼二十六万五百。

秋七月庚子，敕并省天下佛寺。中书门下条疏闻奏："据令式，诸上州国忌日官吏行香于寺，其上州望各留寺一所，有列圣尊容，便令移于寺内；其下州寺并废。其上都、东都两街请留十寺，寺僧十人。"敕曰："上州合留寺，工作精妙者留之；如破落，亦宜废毁。其合行香日，官吏宜于道观。其上都、下都每街留寺两所，寺留僧三十人。上都左街留慈恩、荐福，右街留西明、庄严。"中书又奏："天下废寺，铜像、钟磬委盐铁使铸钱，其铁像委本州铸为农器，金、银、鍮石等像销付度支。衣冠士庶之家所有金、银、铜、铁之像，敕出后限一月纳官，如违，委盐铁使依禁铜法处分。其土、木、石等像合留寺内依旧。"又奏："僧尼不合隶祠部，请隶鸿胪寺。如外国人，送还本处收管。"

八月，制：朕闻三代已前，未尝言佛，汉魏之后，像教浸兴。是由季时，传此异俗，因缘染习，蔓衍滋多。以至于蠹耗国风而渐不觉。诱惑人意，而众益迷。泊于九州山原，两京关，僧徒日广，佛寺日崇。劳人力于土木之功，夺人利于金宝之饰，遗君亲于师资之际，违配偶于戒律之间。坏法害人，无逾此道。且一夫不田，有受其饥者；一妇不蚕，有受其寒者。今天下僧尼，不可胜数，皆待农而食，待蚕而衣。寺宇招提，莫知纪极，皆云构藻饰，僭拟宫居。晋、宋、齐、梁，物力凋瘵，风俗浇诈，莫不由是而致也。况我高祖、太宗，以武定祸乱，以文理华夏，执此二柄，足以经邦，岂可以区区西方之教，与我抗衡哉！贞观、开元，亦尝厘革，铲除不尽，流衍转滋。朕博览前言，旁求舆议，弊之可革，断在不疑。而中外诚臣，协

---

① 吴丽娟，杨士泰. 中国法制史案例教程[M]. 北京：中央广播电视大学出版社，2011：132-133.

予至意，条疏至当，宜在必行。惩千古之蠹源，成百王之典法，济人利众，予何让焉。其天下所拆寺四千六百余所，还俗僧尼二十六万五百人，收充两税户，拆招提、兰若四万余所，收膏腴上田数千万顷，收奴婢为两税户十五万人。隶僧尼属主客，显明外国之教。勒大秦穆护、祆三千余人还俗，不杂中华之风。于戏！前古未行，似将有待；及今尽去，岂谓无时。驱游惰不业之徒，已逾十万；废丹臒无用之室，何翅亿千。自此清净训人，慕无为之理；简易齐政，成一俗之功。将使六合黔黎，同归皇化。尚以革弊之始，日用不知，下制明廷，宜体予意。[①]

（二）案情解读

佛教于东汉时期由印度传到中国，经过魏晋南北朝时期的发展，至唐初，已经颇具规模。唐太宗和武则天大力兴佛，唐初，佛教在中国达到了鼎盛。但是，佛教是外来宗教，面临着各方面的压力和对抗，主要是中国传统的道教和儒家思想。儒家重臣，比如武宗的主要政治助手李德裕，鼓吹道统的韩愈、杜牧等以巩固皇权道统为号召，坚决攘佛。唐朝皇帝，许多迷信道教。先后竟有六位皇帝——太宗、宪宗、穆宗、敬宗、武宗和宣宗，死于道教的灵丹妙药。

唐武宗喜欢道教。道士赵归真乘武宗对其宠幸，经常排斥毁誉佛教，说非中国之教，蠹耗生灵，应尽可能将其除掉，武宗很是赞同。会昌五年六月，望仙台及廊舍修建完成。赵归真荐举罗浮道士邓元起，说他懂长生不老之术。武宗很欣喜，从此，邓元起与衡山道士刘玄靖以及赵归真合力诋毁佛教，请求拆毁佛家寺院。

会昌五年四月，武宗敕令查点天下佛寺及僧尼人数。结果查出，寺院共四千六百座，兰若四万座，僧尼共二十六万零五百。如此多的僧尼寺庙，确实存在很大问题。

会昌五年秋七月，武宗敕令裁撤天下佛寺。中书门下奏请武宗："根据令式，各上州国在忌日之时官吏都到寺院行香，望在上州各留寺一所，以便有列圣尊容，移到寺内；那些下州寺就都裁撤。请求在上都、东都两街留十寺，寺僧十人。"皇帝敕令说："上州应该留寺，建筑精妙者留下；如果破落，也应废毁。在行香日，官吏到道观中行香。上都、下都每街留寺两所，寺留僧三十人。上都左街留慈恩、荐福，右街留西明、庄严。"中书又奏："天下废寺，那些铜像、钟磬可以用于铸钱，其铁像让本州熔铸为农器，金、银、鍮石等像上缴财政。衣冠士庶之家所有金、银、铜、铁之像，敕出后限一月交官府，如有违反，按禁铜法处分。那些土、木、石等像可以仍留在寺内。"又奏："僧尼不该隶属祠部，请求归属鸿胪寺管理。如外国人，则应送还本处收管。"

八月，武宗又下制："朕所知三代以前，未曾言佛，汉魏之后，佛教慢慢浸透。从那时起传此异俗，因缘染习，蔓延开来。以至于空耗资财而不觉。诱惑人心，百姓愈加痴迷，僧众佛寺渐多。使人劳力于土木之功，夺人利于金宝之饰，许多人才

---

① 引自刘昫.《旧唐书·武宗本纪》。

都去兴佛修法，只顾佛家戒律不念配偶责任。坏法害人，没有比这更厉害的了。且一夫不种地，就有受其饥者；一妇不养蚕，就有受其寒者。今天下僧尼，不可胜数，皆待农而食，待蚕而衣。寺宇招提（寺庙的别称），没有规矩，都是构造藻饰，像宫殿一样。晋、宋、齐、梁，物力匮乏，风俗狡诈，莫不由是而致也。况我高祖、太宗，以武功定祸乱，以文才理华夏，用这两种方法，足可以安邦定国，岂可以区区西方之教，与我抗衡！贞观、开元年间，也曾抑制佛教，可是铲除不尽，流行日盛。朕博览前人言论，广泛征集意见，佛弊必须革除，不容置疑。而内外忠臣，同意我的意见，讲得中情中理，皆说势在必行。惩千古之蠹源，成百王之典法，济人利众，我还有什么可辞让的呢？天下所拆寺四千六百余所，还俗僧尼二十六万五百人，收充两税户，拆招提、兰若四万余所，收肥沃良田数千万顷，收奴婢为两税户十五万人。……自古没有办成的，我们马上就要成功了；现将那些弊病统统革尽，指日可待。驱走游惰不业之徒，已逾十万；拆除豪华无用之室，何止亿千。自此以清净训人，崇尚无为之理；简易齐政，成一世俗之功。使全国上下，同归皇家之下。现为革弊之始，恐众人不知晓，下此制明晓大家，使大家体察我的用意。"

唐武宗灭佛的行动过程大致如下：会昌二年没收寺院财产；会昌三年，下"杀沙门令"，因谣传藩镇奸细假扮僧人藏在京师，京兆府在长安城中打杀而死裹头僧达三百余人；会昌四年，敕令尽拆大型寺院、佛堂，勒令僧尼还俗；会昌五年，巩固灭佛成果，勒令全国东西二都可以留寺两所，每寺留僧 30 人，天下各节度使治所留寺一所，留僧 5～30 人，其他寺庙全部拆毁，僧尼全部还俗。此次灭佛，为唐王室收缴了良田数千万顷，强迫还俗僧尼 26 万人，拆寺 4600 所，可谓"战绩辉煌"，但对僧尼们来说无异于一场罕见浩劫。[①]

（三）评析

唐武宗灭佛对中国法律及历史有着深远影响。在西方国家及印度、阿拉伯世界，法律受到宗教的广泛影响，而在中国，宗教对法律的影响整体上微乎其微，这和武宗灭佛不无关系。在中国历史上佛教曾盛极一时，但也发生过四次大规模的废佛运动，史称"三武一宗"，即北魏太武帝、北周武帝、唐武宗和后周世宗的灭佛。在这四次灭佛活动中，其他三次都不如有"会昌法难"之称的唐武宗灭佛的力度强、规模大、范围广、影响深。其遣散十几万寺院僧人，增加了政府税收，更重要的是，由此一举，佛教在中国再未恢复元气，由闹市遁入深山，与政界脱隔，法律受其影响终未太重[②]。

---

① 吴丽娟，杨士泰. 中国法制史案例教程[M]. 北京：中央广播电视大学出版社，2011：141-143.
② 吴丽娟，杨士泰. 中国法制史案例教程[M]. 北京：中央广播电视大学出版社，2011：144.

第六章　宋元法典精要及案例

第一节　宋元法典的编纂情况概述

后周世宗七年（公元 960 年），后周大将赵匡胤奉命出师御敌，到开封城东北的陈桥驿，其部下强以黄袍加身，拥立其为皇帝。宋朝建立，定都开封。1127 年，金军南侵，在开封俘获了徽宗、钦宗二帝。同年赵构在南京称帝，史称南宋。两宋共历 18 帝，310 年。经历了五代十国与藩镇割据的分裂局面后，宋朝的统治者倍感分裂割据之苦，因此巩固统一和加强中央集权成为头等大事。高度的中央集权为宋朝带来了稳定有序的社会生活环境。同时，封建制度经过长期的发展，到了宋朝渐入鼎盛，农业、手工业、商业等社会经济繁荣向上。因此，继唐而起的宋朝法制较唐又有了进一步的发展。[①]

至元八年（公元 1271 年），蒙古贵族忽必烈建元，是为元世祖，定都大都，元顺帝于至正三十八年（公元 1368 年）为明所灭，顺帝北逃。元朝自世祖建元共历 10 帝，98 年。由于元朝是在原蒙古部落的基础上发展成的一个封建国家，因此其法律制度的建立，就是对先进汉族法律文化的继承与原有部落习惯的保留的冲突与协调中进行的[②]。

一、宋代的主要立法思想和立法活动

两宋时期，原先依据门阀等级取得世袭爵位、占有土地的制度已经被经由科举考试任命官员、通过买卖取得土地的制度所取代。经济制度和政治制度的变革，势必推动人们思想意识领域发生变化，这为宋学的出现提供了适宜的土壤。宋学的核心思想是理学，其主要来源包括原始的儒学经典，如《易》《春秋》《周礼》；还包括佛学，如华严宗和禅宗，以及道教，如太极和阴阳学。宋学思想成为两宋近三百年的正统官方思想，也是两宋立法思想的主要渊源。宋朝的统治者非常懂得法律，也

---

① 王立民. 中国法制史[M]. 上海：上海人民出版社，2003：226.
② 王立民. 中国法制史[M]. 上海：上海人民出版社，2003：274.

很重视法律，宋太祖说："王者禁人为非，莫先法令。"①宋太宗说："法律之书，甚资政理，人臣若不知法，举动是过，苟能读之，益人知识。"②宋仁宗说："法制立，然后万事有经，而治道可必。"③宋神宗说："法出于道，人能体道，则立法足以尽事。"④于是，宋朝统治者亲自参与立法，以科举取士，重文轻武，逐渐摆脱了前代门阀、武臣的羁绊，注重官员的法律素养，争言法令氛围活跃，其立法思想如下。

（一）加强中央集权，防止分裂割据

宋初的统治者经历了中华分裂的惨痛局面，意识到藩镇、节度使拥兵自重对中央的危害，从法律上肯定了"稍夺其权，制其钱谷，收其精兵"⑤的政策，采取种种措施削弱节度使在地方上的权力，地方除必要的经费外，全部收归中央政府，使地方没有经济实力与中央抗衡，派遣使臣到各地，再将藩镇军队中的精兵及有特殊技能的，收补到中央禁军，变相削弱藩镇的兵权。注重法律的修订和司法体制、诉讼程序的设置，要求在司法中避免"偏听独任之失"⑥。凡此种种，目的仍在控制地方司法，以达到强化中央集权的目的。在中央，通过设置"审刑院"，加强皇权对司法审判的控制；实行"台谏合一"，使原本负责监督皇帝的谏院也具有监督百官的职权。因此，利用法制强化中央对地方的控制，形成官吏的互相牵制，使行政与司法合一，成为宋朝加强中央集权的主要手段，也是其重要的立法思想。

（二）义利并用，通商惠工

在宋神宗年间，以王安石为首进行的"熙丰变法"对宋朝的法制发展影响较大。作为儒家传统的重义轻利的价值取向，由于受宋朝立国以来冗兵、冗官、冗费导致内冗外耗、财政危机严重的影响，其开始向"利义均重，利义相辅"的思想转变。重视经济立法，实行通商惠工、义利并用的政策，关注国家与经济活动者之间的利益分配关系，开始顺应经济发展的规律。

这一时期，士大夫阶层形成了一种批评秦汉以来贱商抑末的思想，关心人民的疾苦，重视狱诉。而且宋代的统治者也认识到"通商惠工"，保护商人利益的重要性，允许商人在遭到地方官吏的刁难时，可以享有一定的越诉的权利。对官吏擅自课敛百姓、不依法审案等，都允许百姓越诉。

（三）崇文抑武，儒道兼用

宋太祖由一介武夫变为尊儒重文之君，宋太宗"锐意文史"，宋真宗"道遵先志，肇振斯文"，可见宋朝统治者都是倡导儒学的。但是在盛唐时期，佛、道两家对社会的影响力有所加强，到了宋代的儒学已不是原先纯粹的孔孟儒学了，而是吸收

---

① 引自佚名.《宋大诏令集·刑法上》。
② 引自江少虞.《宋朝事实类苑·兵刑》。
③ 引自李焘.《续资治通鉴长编·卷一四三》。
④ 引自脱脱等.《宋史·刑法志一》。
⑤ 引自司马光.《涑水记闻·卷一》。
⑥ 引自杨士奇，黄维等.《历代名臣奏议·卷二一七》。

了佛、道两家精要的儒学，即后来的理学。正如朱熹所说，"政者，为治之具；刑者，辅治之法；德、礼则所以出治之本，而德又礼之本也。"①这正是宋朝中后期以德礼为治国之本的归纳总结。作为宋朝特殊群体的士大夫阶层，他们集文道、吏道、师道三者于一身，在政治舞台上具有举足轻重的作用。宋士大夫"以天下为己任"的自觉精神成就了"君主与士大夫共天下"②的局面。他们通经术、明吏事、晓法律、重现实，他们疑经论证，批判现实，忧国忧民，以积极负责的态度参与宋朝的社会生活。他们的主张常为统治者所采纳，成为国家的法律，深刻影响了宋朝的法律制定。

二、元代的主要立法思想和立法活动

（一）循旧礼，重纲常之教

蒙古国及后来的元朝在武力拓展的过程中，逐步接触到以纲常礼教为核心的汉民族法律文化。尽管崇尚武功的蒙古人对其采取抵制、排斥的态度，但又不可避免地受到这种法律文化和观念的影响。在占领中原地区后，为建立适应中原统治的法律制度，忽必烈的近臣耶律楚材在主张改变蒙古人崇尚杀伐的观念、奉行儒家崇尚德教的思想方面发挥了重要作用，他"时时进说周、孔之教"③，宣传儒家的政治法律思想。

正是受周边"重儒"大臣主张的影响，忽必烈对以贯彻儒家的纲常礼教作为治国之本有了进一步的认识，并以此作为立法和司法的基本指导思想。儒家的一些基本的法律原则，如以服制定罪、十恶、八议等均在后来的法律中得到体现和贯彻。

（二）借鉴汉族的法律制度

早在蒙古建国初期，耶律楚材就提出"天下虽马上得之，不可以马上治之"④，主张借鉴中原地区实行的汉族法律制度。忽必烈建立元朝之后，有大臣提出"以是论之，国家之当行汉法无疑也"⑤。这些主张对元朝的立法和司法产生了重要的影响。随着元朝政权的巩固，在法制的发展过程中，受汉族法律的影响也不断加深。但是由于元朝国家组成的特殊性，其对汉族法律文化与法律制度的接受程度也是有其特殊性的。

（三）保留蒙古旧制，实行民族分治的政策

由于元朝国家组成的特殊性，其对汉族法律制度的沿袭和借鉴也是非常有限的。

---

① 引自朱熹.《论语集注·为政》。
② 引自李焘.《续资治通鉴长编·卷二二一》。
③ 引自苏天爵.《国朝文类·中书令耶律公神道碑》。
④ 引自苏天爵.《国朝文类·中书令耶律公神道碑》。
⑤ 引自苏天爵.《国朝文类·奏议·时务五事》。

因此，有些蒙古贵族主张在保存蒙古旧制的基础上，实行民族分治，即以蒙古旧制治蒙古人，而以汉法治汉人。这种思想在元朝的立法活动中得到了充分的体现。正是由于这种思想的影响，元朝更多地采取了编修"断例"为主的立法形式，目的正是在于将"蒙古法"与"汉法"进行糅合。

第二节　宋代的主要法典

一、《宋刑统》

宋太祖高度重视法制建设，建隆四年（公元 963 年），在大臣窦仪等人的奏请下，开始修订宋代新的法典。同年 7 月完成，刻板模印，颁行天下，史称《宋建隆重详定刑统》，简称《宋刑统》。它是宋朝开国以来第一部法典，"终宋之世，用之不改"[①]。这是宋朝最基本的法典，也是我国封建社会第一部刊版印行的法典。

《宋刑统》是相当于唐代《唐律疏议》的正式法典，其编纂体例可追溯到唐宣宗时的《大中刑律统类》。《宋刑统》在体例上仍以传统的刑律为主，同时将有关敕、令、格、式和朝廷的禁令、州县常科等条文，部分类编附于后，使其成为一部具有统括性和综合性的法典。与《唐律疏议》相比，在编纂体例上其特点如下：

（1）两者的篇目、内容大体相同。《宋刑统》也是 30 卷，十二篇，502 条。

（2）《宋刑统》十二篇的 502 条又分为 213 门，将性质相同的或相近的律条及有关的敕、令、格、比、起请等条文作为一门。

（3）《宋刑统》收录了五代时通行的部分敕、令、格、式，形成一种律令合编的法典结构。

（4）《宋刑统》删去《唐律疏议》每篇前的历史渊源，因避讳，对个别字有所改动，如将"大不敬"改为"大不恭"[②]。

在内容上，刑罚制度有所变更，沿用唐五刑，但除死刑外，均增臀杖（或脊杖）以作为附加刑。徒刑先役后决，流刑先杖后役。新增"户绝资产"条。等等。

二、《条法事类》

南宋中后期，在敕、令、格、式四种法律形式并行和编敕的基础上，以公事性质为标准，把统编的敕令格式分门编纂，形成《条法事类》这种新的法典编纂体例。

① 引自窦仪等.《宋刑统·序》。
② 曾宪义. 中国法制史[M]. 北京：中国人民大学出版社，2000：121.

它改变了原来所编的同一类法律关系的法规在不同的篇章中而给司法官员的实践带来诸多不便的情况。最早的条法事类是宋孝宗时期编定的《淳熙条法事类》，四百二十卷，总三十三门。后来又有《庆元条法事类》《淳祐条法事类》及《吏部条法事类》，其中只有《庆元条法事类》保留了残卷 70 卷。

三、宋代的编敕

敕的本意是尊长对卑幼的一种训诫，后来成为皇帝在特定时间对特定的人或事临时发布的诏旨，称为散敕。散敕不具有普遍性，需要经过特定的编修程序才能上升为一般的法律形式。宋朝的编敕在内容上比唐代要广泛且复杂，因此编敕成为宋朝的重要立法活动和调整及变更法律的主要形式和程序。宋太祖命窦仪于建隆四年（公元 963 年）编成并颁行天下，确立了律、敕并行的局面。后来北宋又有《太平兴国编敕》《淳化编敕》《重删定淳化编敕》《咸平编敕》《嘉祐编敕》《熙宁编敕》等。还有针对专门机构的编敕，如《景德三司新编敕》《景祐一司一条编敕》等。

由于编敕比《宋刑统》更符合实际需要，到了神宗年间，王安石进行变法，参照《宋刑统》的体例，以门为名分为十二个篇章，编敕成了一部新刑法，正式代律。

第三节　元代的主要法典

一、《大元通制》

元英宗至治三年（公元 1323 年），在前朝编撰格例的基础上，对现行的条格和断例等进行了系统的整理，编撰了《大元通制》，颁行全国。《大元通制》共 2539 条，有诏制 94 条、条格 1151 条、断例 717 条、令类 577 条。将这些条再归纳为 20 篇，即：名例、卫禁、职制、祭令、学规、军律、户婚、食货、大恶、奸非、盗贼、诈伪、诉讼、斗殴、杀伤、禁令、杂犯、捕亡、恤刑、平反等。这些篇目基本上承袭了唐宋律的基本精神。条格是按照唐宋令典的体例编集的，共分 27 篇，但内容是行政方面的事例汇编。断例是具有典型意义的刑事判例汇编，编纂方式效仿宋朝的断例，即按《唐律》11 篇的体例（不包括名例部分）进行编集。因此，《大元通制》是一部法规和判例的汇编，是成文法和判例法的结合，并不是传统的成文法典①。可惜全书早已散佚，流传至今的只有《大元通制》的条格部分。

---

① 王立民. 中国法制史[M]. 上海：上海人民出版社，2003：277-278.

二、《元典章》

《元典章》是与《大元通制》同时期出现的，是当时由地方官府汇编而成的法规大全《大元圣政国朝典章》，简称《元典章》。该书收集了自元初至英宗至治二年（公元 1322 年）50 多年间的律令典章和判例，分《前集》和《新集》两部分。《前集》60 卷，分为诏令、圣政、朝纲、台纲、吏部、户部、礼部、兵部、刑部、工部 10 门，下设 373 目，目下列有条格①。《新集》不分卷，分为国典、朝纲、吏部、户部、礼部、兵部、刑部、工部 8 门，门下设目，目下有条格。《元典章》是研究文化政治、经济、法律和社会生活的重要资料。

三、元代的其他法典

《至元新格》是元朝建立后制定颁布的第一部成文法典。至元二十八年（公元 1291 年），中书参加政事何荣祖主持编撰了《至元新格》，经元世祖忽必烈批准刻版颁行，共分为公规、选格、治民、理财、赋役、课程、仓库、造作、御盗、察狱等十个部分，属于行政规范的汇编，相当于唐宋时的"令"。《至元新格》是沿袭了唐律令又增添了蒙古"祖训"的一部具有蒙古民族特色的律典。

第四节　宋元时期的经典案例

一、户绝遗产归属案

（一）案例原文

邢州有盗杀一家，其夫妇即时死，唯一子明日乃死。其家财产户绝，法给出嫁亲女。刑曹驳曰："其家父母死时，其子尚生，财产乃子物；出嫁亲女乃出嫁姊妹，不合有分。"②

（二）案情解读

邢州有一伙强盗闯入一户人家抢劫财物，并把主人一家三口全部杀害。主人夫妻俩当时就死了，他们唯一的儿子也在第二天不幸身亡。此后，他们家的财产处理问题引起了官府的不同意见。当地州司按照户绝法的规定将这家的全部财产判给了

---

① 曾宪义. 中国法制史[M]. 北京：中国人民大学出版社，2000：168.
② 引自沈括.《梦溪笔谈·官政一》。

他们已经出嫁的亲生女儿。此案报到刑部以后却被驳回，理由是主人夫妻去世时，他们的儿子还活着，所以财产就应该全部归儿子所有，所谓出嫁的亲女儿，是其子已出嫁的姐妹，没有权利分得兄弟的财产。

（三）评析

两宋的继承法律虽然以唐律为基础，但较唐律更加完善，法条增加了许多，规范细密，已经达到了相当完备的程度。首先，宋代的继承法律当中，宗祧身份继承和财产继承开始走向分离。其次，财产继承法律则在唐律的基础上，大有发展。除此之外，宋代法律还在中国法律发展史上首次对女性的继承财产分配做出了详细的规定。在室未出嫁的女性，如有兄弟，则没有财产继承权，但能获得未婚兄弟聘财一半的嫁资。在户绝的情况下，可以继承全部家产。养女的继承权和亲生女相同。出嫁后又归宗的女儿的继承权，在宋代前后有所变化。在北宋初期，《宋刑统》规定"并同在室女例"，但自宋哲宗以后迄至南宋，户绝的归宗女的财产继承份额只有在室女的一半。出嫁女在没有兄弟和在室女等的情况下，享有三分之一的财产继承权，其余的财产收归官府所有。

宋代民事立法的辉煌成就，不仅体现在传统综合性法典中相关民事法律条文的明显增多上，更表现在这时所出现的一系列专门的民事立法方面，如《户绝条贯》《遗嘱财产条法》《元丰市舶法法则》《户绝田敕》《户婚敕》等。我们在继承法的变化中甚至可以看到封建国家对个人继承权的逐步排挤，以至于想把户绝财产作为国家的一项财政收入。

宋代在民事立法方面所取得的巨大成就，虽因种种原因没有被后代封建王朝很好地继承下来，但有些做法已经成为民间社会长久通行的习惯法，在社会生活中发挥着重要作用，甚至还可以为我们今天的社会主义市场经济立法提供有益的借鉴[①]。

二、阿常谋占前夫财物案

（一）案例原文

阿常为巡检之妻，不幸夫亡，独有姑在，老而无子，茕独可哀。阿常若稍有人心，只当终身不嫁，与乃姑相养以生，相守以死，如陈孝妇之义可也。夫死未及卒哭，乃遽委而去之，弃姑如弃路人，易夫如易传舍，其心抑何如此之忍邪！阿侯一身无所倚赖，遂依其婢阿刘夫妇以苟活，则其不得已之情可想见矣。阿常改嫁之后，两年之间，更不能走一介，以访问其启处，及闻其死也，反兴讼以取其遗资。纵阿侯所蓄之数果如阿常所陈，则养生送死，皆阿刘夫妇之力，既当其大事，则以此酬劳，亦所当然。阿常背夫绝义，岂可更有染指之念，况未必有之乎！准律：诸居夫

---

① 吴丽娟，杨士泰. 中国法制史案例教程[M]. 北京：中央广播电视大学出版社，2011：157-159.

丧百日外，而贫乏不能存者，自陈改嫁。阿常丧夫于淳祐元年之二月，至今年四月才当除服，而今改嫁已首尾三载。若欲引百日外自陈之令，据阿常所陈，其夫囊中如此厚，即非贫乏不能自存者矣。然则坐居丧嫁之律，从而离之，夫谁曰不然。张巡检身为命官，岂不识法，知而与为婚姻，合五等论罪。况此等不义之妇，将安用之。嫁至于再，已为不可，今自钱而徐，自徐而张，至于三矣。朝彼暮此，何异娼优之贱，当其背钱而归徐，徐不以钱为鉴而娶之，故使其母不获孝妇之养。今又背徐而归张，张又不以徐为鉴，则安知后之视今，不犹今之视昔乎！张巡检既非本府所辖，难以将阿常遽行取断，牒所属径自照条施行，其可其否，听其区处。但其男张良贵，系是张巡检之子，与徐巡检之家有何干预，而辄横兴词诉，意在骗胁，情理可憎，合示薄罚，决竹篦二十，押出本府界。所有阿侯财物有无，更不追究，仰阿刘夫妇以礼埋葬。又据阿常所供，称徐巡检身死之日，存下见钱三百贯，金银器凡十数项，官会三千贯，蕞尔巡检之职，俸给所入有几何，一家衣食之外，而囊橐又复如此，果何自而来哉！唐卢坦有云：凡居官廉，虽大臣无厚蓄，其能积财者，必剥下以致之。如子孙善守，是天富不道之家，不若恣其不道以归于人。徐巡检若果有此财也，必剥下以致之者也，今遂归于他姓之手，殆天不肯富不道之家欤！居其职者，宜知所戒矣。[①]

（二）案情解读

阿常最初是钱某的妻子，后来改嫁给徐巡检。不幸徐巡检没多久也亡故了，她便再嫁于张巡检。那时，徐巡检的母亲阿侯还健在，可怜她老年丧子，终日以泪洗面，十分凄惨，一个人无依无靠，幸亏有她家的使女阿刘夫妇的照顾，才又活了几年。现在阿侯去世了，阿常便回来要求继承遗产。

审案的知县受理案件后认为，"先不说阿侯的财产到底有多少，你阿常改嫁到张巡检以后，阿侯孤苦伶仃的，你却从不去探望一下阿侯。阿侯的生养送死都是由阿刘夫妇料理的。他们夫妇既然承担了这么重要的责任，阿侯的遗产就应该归阿刘一家所有。你背夫绝义，哪里有什么资格染指遗产？"知县进一步叱责阿常道："我看你阿常，真是一个不仁不义的妇人。改嫁一次，已为人不屑，你却从钱家改嫁到徐家，又从徐家改嫁到张家，朝三暮四，跟个娼优有什么分别呢？当初徐巡检不以钱家为鉴而娶了你，以至于其母得不到孝顺媳妇的供养。张巡检本该以徐巡检为鉴，不再娶你的。"于是，审理官吏判决说："依据法律，'诸居夫丧百日外，而贫乏不能存者，自陈改嫁'。阿常的丈夫去世在淳祐元年二月，至今年四月才除丧服，而阿常已经改嫁三年了。如果引用前面所说的一百日的界限的话，又于法不合，因为阿常自己说徐巡检去世时留下现钱三百贯，金银器十多件，显然不是什么'贫乏不能自存'。据此可以说，阿常已经违反了居丧嫁之律，本应判决与张巡检的婚姻无效，而

---

① 引自佚名.《明公书判清明集·卷十》。

张巡检身为朝廷命官，知法犯法，竟然娶阿常为妻，应减五等论罪。但张巡检不属于本县管辖，只能移送所属府县处理。张良贵本是张巡检之子，与徐家没有任何关系，却横兴词讼，实在可恶，应示以薄惩，判处竹篦二十，押出本府界。阿侯的所有遗产归阿刘夫妇所有。"①

（三）评析

此案给我们印象最深的是将阿侯的遗产判归使女阿刘夫妇的判决。这一判决没有遵循严格的法律规定，似乎向我们展示了审判官吏的权利义务观念。阿刘夫妇虽不是遗产的法定继承人，徐巡检和其母阿侯也没有继承遗嘱，但阿刘夫妇对阿侯悉心照顾，理应给予回报。这一判决使我们看到了今天社会生活中的一种遗产处理方式，那就是签订遗赠扶养协议。历史的影响、法律的传统确实总以各种方式和面孔在当今的社会生活中延续。

三、韩进误杀冯阿兰案

（一）案例原文

至元二年四月，济南路归问到韩进状招：因与亲家相争，将棒在于旁冯阿兰右肩上误打一下，因伤身死。法司拟：即系因斗殴而误杀伤论至死者，减一等，合徒五年。部拟：一百七下。省断七十七下，征烧埋银。②

（二）案情解读

元朝至元二年（公元1265年），济南路有个叫韩进的人，因故与他的亲家斗殴，在双方斗殴的过程中，韩进用棍棒误打中了旁人冯阿兰的右肩，后来冯阿兰因伤致死。济南路法司经审讯后认为，"罪犯系因斗殴而误杀，论至死者减一等，合徒五年。"此案由行书省报中书省后送交刑部审议，刑部拟决杖一百零七下，中书省改判为杖七十七下，并征收烧埋银给受害人家属。

（三）评析

在元朝，该案的判决开了误杀杖刑七十七下的先例，后来对"误杀"进行判罚时，一般处杖刑七十七下。依据《元史·刑法志》记载，关于误杀的条文有"诸因争，误殴死异居弟者，杖七十七，征烧埋银之半""诸尊长误殴卑幼致死者，杖七十七，异居者仍征收烧埋银"。当然，对某些误杀亲属者，断杖更轻。总的来说，此案后元代对"误杀"的判处比较常见的是杖七十七下。③

---

① 吴丽娟，杨士泰. 中国法制史案例教程[M]. 北京：中央广播电视大学出版社，2011：183-184.
② 引自佚名.《元典章·刑部·诸杀》。
③ 吴丽娟，杨士泰. 中国法制史案例教程[M]. 北京：中央广播电视大学出版社，2011：192.

四、张简诬告反坐案

（一）案例原文

宝泉提举张简及子乃蛮带，告彧尝受邹道源、许宗师银万五千两；又其子知微讼彧不法十余事。有旨就辩中书。彧已书简等所告与己宜对者为腋袖之，视而后对。简父子所告皆无验，并系狱，简瘐死，仍籍其家一女入官；乃蛮带、知微皆坐杖罪除名。①

（二）案情概览

元朝有个大臣崔彧很有才气，为人刚直，敢于说实话。至元三十年（公元 1293 年），宝泉提举张简和他的儿子乃蛮带，举告崔彧收受邹道源、许宗师的贿赂共计一万五千两银。张简的另一个儿子张知微也检举崔彧不法行为共有十多件。元世祖知道后，下旨令崔彧在中书省申辩清楚。崔彧为了维护自己的清白和无辜已经做好充分的准备，事先他把张简父子诬告的事情以及自己的辩白之词写好，藏入衣袖中。当他到中书省后，他边看边申辩，一一予以驳斥，张简父子所诬告的事由，没有一件能站得住脚的。最后的结果是，张简父子因诬告反坐，被捕入狱。张简病死在狱中，张家财产被充公，一个女儿被充作官妓。儿子乃蛮带与知微，都受杖刑，并开除官籍。

（三）评析

元朝是一个以蒙古贵族为首的各族封建地主阶级统治的封建王朝，因此它所制定法律的基本精神与前朝是一脉相承的，"诬告反坐"的规定是为具体表现。当时的封建统治者为什么要惩治诬告呢？主要是为了保证公平，即不罚无罪之人，另外也是为了"不致紊烦上司"②，即减少官府听断之累。值得注意的是，在元朝，对于诬告罪的规定也有一些特色性的元素，首先从诬告的对象看，除了民人之间互相诬告之外，还有诬告官员的。其次，对于诬告人罪的处罚虽然体现的是"诬告人罪者，以其罪罪之"，即"诬告反坐"原则，但在具体的执法过程中也有一些灵活的做法。如《元典章》卷五十三"诬告"项所载的"奴婢诬告主，皆斩，（但若是）本主求免者，听"，或减一等惩治、或杖一百零七下，并予以钞罚。而对于诬告官吏者，"告的人每根底（方面）加等断罪者"，其被告官吏不得为该诬告人者"求免"。③

---

① 引自宋濂等.《元史·崔彧传》。
② 引自佚名.《元典章·刑部·诬告官吏断罪》。
③ 吴丽娟，杨士泰. 中国法制史案例教程[M]. 北京：中央广播电视大学出版社，2011：193.

第七章　明代法典精要及案例

第一节　明代法典编纂情况概述

一、明代主要立法思想

明王朝是从 1368 年朱元璋在南京称帝开始,到 1644 年李自成农民军攻入北京,崇祯皇帝朱由检在煤山自缢,前后经历 16 个皇帝,共 276 年。其政权机构远取于汉唐,近沿袭于宋、元旧体制,并适应现实需要而有所增减。

（一）刑乱国用重典

明朝初年,基于历史和社会现实诸多因素的考虑,朱元璋提出了"刑乱国用重典"的主张,这一主张成为明初最主要的法制指导思想①。"刑乱国用重典"本源自《周礼·秋官司寇》"大司寇之职,掌建邦之三典,以佐王刑邦国,诘四方,一曰刑新国用新典,二曰刑平国用中典,三曰刑乱国用重典"一说,再度提出这一理论的原因如下。

首先,吸取元朝"宽纵"亡国的历史教训。朱元璋认为,元之所以亡国,主要是由于统治者威信下降,纲纪废弛,法度不修。为改宽纵日久的不良社会风气,朱元璋提出了自己的"治乱"药方,整肃纲纪,重典治国。他特别强调"朕收平中国,非猛不可"②。

其次,巩固皇权的需要。明朝的开国功臣多以血战立功封公侯,拥有部曲、义子和大量奴仆,他们和各地卫所军官又有多统属关系。但是在和平年代,这种武装力量和袍泽关系对封建皇权构成了巨大的威胁。为保证朱明皇室的长治久安,朱元璋采用重刑手段诛杀功臣及其党羽。洪武十三年（公元 1380 年）,朱元璋以擅权枉法的罪名杀了丞相胡惟庸,而那些对皇家统治带有危险性的文武官员、大族地主,都被罗列为胡党罪犯,处死抄家。"胡党"案株连追究整十年,前后共杀三万多人。洪武十六年（公元 1383 年）,朱元璋又以谋反的罪名诛杀了凉国公蓝玉及其部属一

---

① 王立民. 中国法制史[M]. 上海：上海人民出版社,2003：288.
② 引自刘基.《诚意伯文集·卷一》。

万五千余人。通过胡蓝之狱，朱元璋借机取消了中书省，废除了丞相这一设置，由自己独揽国家大小政事，也几乎将明军中勇武刚强之士杀了个干净。这些杀戮案件的出现，导致"时京官每旦入朝，必与妻子诀，及暮无事，则相庆以为又活一日"①。

最后，惩治贪官污吏、奸猾豪民的需要。明朝"刑乱国用重典"思想的一个突出特点就是"重典治吏"。这一特点的产生与朱元璋的生活经历密切相关。朱元璋一介平民出身，亲身经历并目睹了元末吏治腐败激起人民反抗并导致灭亡的教训。对于贪官污吏，他有切肤之痛，"昔在民间时，见州县官吏多不恤民，往往贪财好色、饮酒废事，凡民间疾苦，视之漠然。心实怒之"②。为此，朱元璋一方面取消明律中"官当""除免"等优待官吏的特权制度，另一方面则大兴刑狱，重典治吏。除了惩治贪官污吏以外，朱元璋对危害社会秩序稳定和发展的奸猾豪民也毫不留情。在南京，他曾经对勾结官府、私设公堂、隐匿罪犯的170余家豪民进行抄杀，又籍没了苏州、嘉兴、松江、湖州等地豪族富民的土地，并强行迁徙其中几万户人家到南京、临濠。

需要指出的是，"刑乱国用重典"只是明朝统治者"一乱一治"思想指导下的权宜之计，并非百世通行的治平之道。朱元璋也清醒地认识到，所谓"乱世"，仅限于明初，所谓"重典"也只是不得已才开出的治世猛药。如果一味厉行刑杀措施，那么统治者最后也将成为孤家寡人。因此，必要的时候还是需要恢复"轻刑"政策，收拾人心。为体现刑罚世轻世重这一最根本的精神，朱元璋一方面精心制定《大明律》，严令子孙遵守，以此作为基础而垂范后世；另一方面创制《大诰》等特别刑事法规，作为"重典"而适用于明初这一特定的历史时期。③

（二）礼法结合、明刑弼教

德主刑辅、礼法结合一直是中国传统的法制指导思想，明朝统治者对此可谓心领神会。在治理民众、维护统治秩序这一点上，明初统治者有"重典治乱"表象的一面，但在实质层面上，其更重视传统儒学与伦理纲常的教化作用。朱元璋曾明确指出，"朕仿古为治，明礼以导民，定律以绳顽。"④在朱元璋看来，礼教是用来引导顺从其统治的"良民"的，而法律的作用只是用于严惩不服统治的"顽恶之徒"。

综观明朝的法律运用过程，礼治的精神可谓一以贯之。其一，朱元璋曾亲自编定《御制孝慈录》，简化了体现传统儒学孝道精神的丧服服饰、守丧、亲属五服等制度，使之更具有实用性。顺应这一变化，《大明律》也做了相应的调整。其二，在《大明律》卷首，朱元璋将"八礼图"与"二刑图"并列，他说道："此书首列二刑图，次列八礼图，重礼也。"其三，设置了极具礼教特点的"申明亭"制度，由本地区百

---

① 引自赵翼.《廿二史札记·卷三二》。
② 引自董伦等.《明太祖实录·卷二》。
③ 王立民. 中国法制史[M]. 上海：上海人民出版社，2003：289.
④ 引自张廷玉等.《明史·刑法志》。

姓推举正直的里甲老人主持，亭内树立板榜，定期张榜公布本地有过错人的姓名及其过错行为，并由老人主持轻微诉讼的调解，以申明教化。

需要强调的是，明朝统治者认为刑与教是并列的统治手段，教化与刑罚不应有主辅之分。

二、明代主要立法活动

法律是统治阶级意志的表现，它凭借国家权力来强制推行以保证统治秩序的稳定。在元末农民大起义中，封建法律遭到了破坏，因此当朱元璋建立明王朝恢复封建秩序时，非常重视法律的制定。他曾明确提出，"礼法，国之纲纪。礼法立，则人志定，上下安。建国之初，此为先务。"①朱元璋于吴元年（公元 1367 年）十月，就命中书省定律令，以左丞相李善长为总裁官，参知政事杨宪、御史中丞刘基等二十人为议律官，讨论制定。李善长提出"历代之律，皆以汉九章为宗，至唐始集其成，今制宜遵唐旧"②。朱元璋同意他们的观点，以唐律为蓝本着手制定明律。朱元璋自己也经常和他们在一起讲论律义。到十二月，一共制定了令一百四十五条、律二百八十五条。"又恐小民不能周知，命大理卿周桢等取所定律令，自礼乐、制度、钱粮、选法之外，凡民间所行事宜，类聚成编，训释其义，颁之郡县，名曰《律令直解》。"③后来，朱元璋觉得所定的律令还不够完善，决定继续修订。直到洪武七年（公元 1374 年）二月书成，颁行天下，篇目一准于唐，共计六百有六条，分为三十卷。经过前后七年的反复修改，基本上完成了明律的制定。以后在实施中对原来的律条又有所增损，因此，洪武二十二年（公元 1389 年）刑部又奏请更定了一次，直到洪武三十年（公元 1397 年）才正式颁布。《明律》共计三十卷，四百六十条。

《明律》和《唐律》一样，首列"十恶"，以凌迟处死等刑法镇压人民的反抗，规定人民要服从官府，奴婢、雇工要服从主人；有敢侵犯地主、政府的田土房舍者，要处以各种刑罚，以保护地主阶级的私有制和政治特权。对于人民的反抗，如犯了"谋反""谋大逆"之罪者，在行刑上，《唐律》规定为首者处斩刑，其父及年龄十六岁以上的儿子皆处绞刑，其余亲属则不处死刑；而《明律》规定，不分"主犯""从犯"，一律凌迟处死，他们的祖、父、子、孙、兄、弟及同居之人，年龄十六岁以上的都处斩刑。可见《明律》在镇压人民造反这方面比《唐律》更为残酷。

朱元璋极端强化君权，因此任用官员的权力要由他独揽，这也在《明律》中用法律条文固定下来，使之合法化。"凡除授官员须从朝廷选用，若大臣专擅选用者斩"。（《明律集解附例》卷 2《大臣专擅选用》）朱元璋要所有的人民和官吏都按照他的意

---

① 引自宋濂.《洪武圣政纪》。
② 引自张廷玉等.《明史·刑法志》。
③ 引自董伦等.《明太祖实录·卷八六》。

志行事，无条件地效忠于他个人，否则就要受到法律的严厉制裁。

明律是朱元璋在一生的政治活动中殚精竭虑、防微杜渐二十年的经验总结，是他经过反复修改、字斟句酌的结晶。朱元璋把它视为朱明皇朝长治久安的法宝，所以他在《祖训》中谆谆嘱咐："凡我子孙，钦承朕命，勿作聪明，乱我已成之法，一字不可改易。"①

此外，朱元璋在洪武十八年（公元1385年）至洪武二十年（公元1387年）之间，采集官民犯罪的重要案例，编成《大诰》四编相继颁行天下。编定《大诰》的目的，是用严惩官民犯罪的案例树立是非善恶的标准，使人"趋吉避凶"，以减少犯罪，巩固统治秩序。《大诰》所列案例的量刑皆比《大明律》加重，刑罚也很残酷。它是"重典治世"的产物。

第二节　明代主要法典

一、《大明律》

公元1367年12月，《大明律》制定完成，共计285条，其中吏律18条、户律63条、礼律14条、兵律32条、刑律150条、工律8条，史称《吴元年律》，是《大明律》的雏形。此律虽然是"准唐之旧而增损之"，但相较于唐律已有重大变化：其一，仿照《元典章》，篇目以中央行政六部分类；其二，条文大为简化，仅285条②。此部《大明律》于洪武元年正式颁布实行，现已散佚。

为了进一步完善明朝的法制，朱元璋本人也亲自参与定律工作。为积累必要的律学素养，洪武元年（公元1368年）8月，朱元璋曾"命儒臣四人，同刑官讲唐律，日进二十条"③。至于最后的学习效果，他本人自信地认为，"群臣所定律令有未妥者，吾特以一己意见决之，而众辄以为然，鲜有执论。"④在明太祖朱元璋的倾力参与下，《洪武七年律》《洪武二十二年律》《洪武三十年律》相继出台，明朝的基本法律逐步得到完善。

《洪武七年律》是指洪武七年所颁布的《大明律》。由于《吴元年律》过于简略，不能满足社会发展的客观需要，朱元璋决心重新厘定此律。为此，他进行了一系列的准备工作。如洪武五年（公元1372年），制定了宦官禁令和亲属容隐律；六年夏

---

① 引自董伦等.《明太祖实录·卷八二》。
② 《唐律》为500条.
③ 引自张廷玉等.《明史·刑法志》。
④ 引自董伦等.《明太祖实录·卷二二》。

刊行了《律令宪纲》，向相关机构颁布实施；六年冬，诏命刑部尚书刘惟谦详定《大明律》等。洪武七年（公元 1374 年），重修工作正式完成并颁布全国，史称《洪武七年律》。

《洪武二十二年律》是指洪武二十二年颁布的《大明律》。《洪武七年律》虽较《吴元年律》有重大进步，但对于一心追求"天下大治"的朱元璋来说，其仍感到有较多不足之处。洪武九年（公元 1376 年），明太祖"览律条犹有未当者，命丞相胡惟庸、御史大夫汪广洋等详议，厘正十有三条。十六年，命尚书开济定诈伪律条"①。洪武二十二年（公元 1389 年），明太祖采纳刑部奏言，命令翰林院会同刑部官员，将历年所增条例，分类附于《大明律》中。此部重新修订并颁行的《大明律》，史称《洪武二十二年律》。《洪武二十二年律》相较于《洪武七年律》，在编制体例上有以下特点：其一，《名例律》重新被置于篇首；其二，篇目依《吴元年律》划分为名例律、吏律、户律、礼律、兵律、刑律、工律七篇；其三，条文定为 460 条，共 30 卷；其四，卷首已列有五刑图、刑具图和丧服图。此部《大明律》制定后，明太祖采纳皇太孙的请言，修改了与五伦有关的 70 条律文。

《洪武三十年律》是指洪武三十年颁布的《大明律》。洪武三十年（公元 1397 年），朱元璋下令将《洪武二十二年律》略做修改，并将《钦定律诰》（是关于不准赎死罪和准赎死罪的规定）147 条附于其后，颁行天下。这一定本史称《洪武三十年律》，后世称之为《大明律》。作为生前制定的最后一部律法，朱元璋对《洪武三十年律》寄予了极高的期望。他严令子孙遵守，"群臣有稍议更改，即坐以变乱祖制之罪"（《明史·刑法志》），以此作为"酌中制以垂后世"的范本留给了自己的子孙后代。《明史·刑法志》称："太祖之定律文，历代相承，无敢轻改。"《洪武三十年律》在明代法典中的经典地位由此可见一斑。

《洪武三十年律》共计 7 篇 30 门 460 条。具体篇、门条文如下：名例律 1 卷，47 条；吏律 2 卷，包括职制门 15 条、公式门 18 条；户律 7 卷，包括户役门 15 条、田宅门 11 条、婚姻门 18 条、仓库门 24 条、课程门 19 条、钱债门 3 条、市廛门 5 条；礼律 2 卷，包括祭司门 6 条、仪制门 20 条；兵律 5 卷，包括宫卫门 19 条、军政门 20 条、关津门 7 条、厩牧门 11 条、邮驿门 18 条；刑律 11 卷，包括盗贼门 28 条、人命门 20 条、斗殴门 22 条、骂詈门 8 条、诉讼门 12 条、受赃门 11 条、诈伪门 12 条、犯奸门 10 条、杂犯门 11 条、捕亡门 8 条、断狱门 29 条；工律 2 卷，包括营造门 9 条、河防门 4 条。②

《大明律》脉络清晰，门类划分得当，便于检索。它文字浅显，言简意赅，条文少于唐律，覆盖面却超过了唐律。律首附有五刑图、狱具图和丧服图，便于引用和阅读。

---

① 引自张廷玉等.《明史·刑法志》。

② 王立民. 中国法制史[M]. 上海：上海人民出版社，2003：290-291.

二、《大诰》

朱元璋以明初乱世和"民不从教"为口实，仿照周公东征殷顽时训诫臣民的书面文告——"诰"，制定了所谓的《大诰》。《大诰》是以判例形式出现的、带有特别法性质的重刑法令，是律外之法[①]。《大诰》共四编，236 个条目，即《大诰一编》《大诰续编》《大诰三编》和《大诰武臣》，于洪武十八年至二十年（公元 1385—1387 年）之间颁行。诰文是由典型案例、重刑法令和朱元璋对臣民的"训诫"三个方面的内容构成的。它是以惩治官吏犯罪和豪强犯罪为主要内容的刑事特别法。朱元璋编定《大诰》的目的，是用严惩官民犯罪的案例树立是非善恶的标准，使人"趋吉避凶"，以减少犯罪，巩固统治秩序。《大诰》所列案例的量刑皆比《大明律》重，刑罚也很残酷，它是"重典治世"的产物。与同时期的《大明律》相比，《大诰》有如下特点。

第一，规定了许多律外适用的酷刑。四编《大诰》所举案例中，处以夷族、凌迟、枭首刑者有千余件，处以斩首弃世以下刑者达万余种[②]，其罗列的酷刑有凌迟、枭首、族诛、墨面文身、断手、刖足、挑筋去指、挑筋去膝等数十种。此外，在《大诰》中大量犯罪处罚只是笼统规定为"处死""死罪""极刑""重刑"等，而大量记载明初史实的正史、野史中，其死刑除上列凌迟、枭首外，还有溺死、肢解、射杀、碎肉、乱枪扎死、杖杀、刷洗、剥皮等，用刑之惨烈，冠绝古今。

第二，设置了许多新的罪名和禁令。如儒士不肯出仕为官，明律不以为罪，而《大诰》专设"寰中士夫不为君用"罪名，对其处以死刑。新罪名还包括"顽民交结官吏"罪、"工匠不亲身服役"罪、"造言好乱"罪、"不敬不收藏大诰"罪等。新禁令则包括"禁游食""市民不许为吏卒""严禁官吏下乡"等。《大诰》同时规定，犯以上罪及违背以上禁令者均予以严惩。

第三，同一犯罪，《大诰》之量刑较《大明律》为重。如"有司滥收无籍之徒"罪，《大明律》仅处杖一百，徒三年，而《大诰》加重至族诛；"夏粮违限不纳"罪，《大明律》止杖一百，《大诰》则处以"凌迟示众"；"典吏殴推官"罪，《大明律》止杖一百、徒三年，《大诰》则处以"凌迟示众"；"起除刺字"罪，《大明律》杖六十，补刺，《大诰》则"枭首，籍没其家"；"妄告期亲尊长"罪，《大明律》杖一百、徒三年，《大诰》则"枭首"；"官吏征收税量不时"罪，《大明律》杖一百，《大诰》则为"死罪"；"私开牙行"罪，《大明律》杖六十，《大诰》则为"死罪"；"以妾为妻"罪，《大明律》杖九十、改正，《大诰》则"贬云南充军"。

第四，"重典治吏"色彩鲜明。四编《大诰》236 条中，80% 以上是针对官吏的，

① 曾宪义. 中国法制史[M]. 北京：中国人民大学出版社，2000：176.

② 杨一凡. 明初重刑考[M]. 长沙：湖南人民出版社，1984：31.

而其重点又是惩治贪官污吏。例如，"因公科敛"处以"枭首"；官吏"下乡扰民，罪在不赦"；"官私役部民""死罪"；"受赃逼良民顶替逃军""死罪"，等等。又建立了"民拿害民官吏"制度，规定"今后所在有司官吏，若将刑名以是为非、以非为是"，或"赋役不均，差贫卖富"，或"造作科敛"，"许民间高年有德耆民，率精壮拿赴京来"，如"敢有阻挡者，其家族诛"①。对豪强的打击也是《大诰》的一大特色，如《大诰续编·闲民同恶》第六十二规定："今后敢有一切闲民……与不才官吏，同恶相济，虐害吾民者，族诛。"②

由于《大诰》倡导无节制的重刑滥杀政策，对法制的统一性、严肃性和社会的长治久安造成不良的影响。因此，朱元璋死后，《大诰》便被废止。

三、《问刑条例》

《问刑条例》是明代重要的刑事法规，是补充人辅助和变通明律的一种灵活性法律形式。《大明律》颁行已近百年的孝宗弘治五年（公元 1492 年），因前朝条例纷繁，法司问刑多有轻重失宜，加之临事奏报"取自上裁"的例在司法中的作用愈益显重，由刑部尚书彭韶等奏请，删定《问刑条例》，弘治十三年（公元 1500 年）钦命三法司等将历年有关问刑方面条例"经久可行者"297 条议定，作为常法与律并行。武宗正德（公元 1506 年至 1521 年）年间又增 44 条。世宗嘉靖二十八年（公元 1549 年）重修《问刑条例》为 249 条；三十四年（公元 1555 年）又增 89 条。神宗万历十三年（公元 1585 年）再次重修，计 382 条，以后续修成 385 条。

四、明代其他法典

《大明会典》是仿《唐六典》《元典章》等法律文献编修而成的行政法规汇编，其体例以官职分类，按宗人府、吏户礼兵刑工六部、都察院、六科以及寺、府、监、司为序列，分述各行政机构的掌职、事例与发展演变，以及相关的律、例条文等。

出于整理并统一明朝开国一百年来制定的重要典制，《大明会典》的编修始于明孝宗弘治十年（公元 1497 年），成书于弘治十五年（公元 1502 年），共 180 卷。《御制明会典序》对其做了清楚的说明，"累朝典制，散见叠出，未会于一。乃敕儒臣、发中秘所藏诸司职掌等诸书，参以有司之籍册，凡事关礼度者，悉分馆编辑之。百司庶府，以序而列。官各领其属，而事皆归于职，名曰大明会典。辑成来进，总一百八十卷。朕间阅之，提纲挈领，分条析目，如日月之丽天，而群星随布。我圣祖神宗百有余年之典制，斟酌古今，足法万世者，会萃无遗矣。特命工镂梓，以颁

---

① 引自朱元璋.《大诰续编·闲民同恶》。
② 王立民. 中国法制史[M]. 上海：上海人民出版社，2003：293.

示中外，俾自是而世守之。"此后，《大明会典》于明武宗正德年间重校刊行。明神宗万历四年（公元 1576 年）重修，万历十五年（公元 1587 年）颁行，称为《重修会典》，共 228 卷。《大明会典》载明代典章制度十分完备，是研究和了解明代法律重要文献。

第三节　明代的经典案例

一、胡蓝之狱

（一）案例原文

"胡惟庸，定远人。归太祖于和州，授元帅府奏差。寻转宣使，除宁国主簿，进知县，迁吉安通判，擢湖广佥事。吴元年，召为太常少卿，进本寺卿。洪武三年拜中书省参知政事。已，代汪广洋为左丞。六年正月，右丞相广洋左迁广东行省参政。帝难其人，久不置相，惟庸独专省事。七月拜右丞相。久之，进左丞相，复以广洋为右丞相。

自杨宪诛，帝以惟庸为才，宠任之。惟庸亦自励，尝以曲谨当上意，宠遇日盛，独相数岁，生杀黜陟，或不奏径行。内外诸司上封事，必先取阅，害己者，辄匿不以闻。四方躁进之徒及功臣武夫失职者，争走其门，馈遗金帛、名马、玩好，不可胜数。大将军徐达深疾其奸，从容言于帝。惟庸遂诱达阍者福寿以图达，为福寿所发。御史中丞刘基亦尝言其短。久之，基病，帝遣惟庸挟医视，遂以毒中之。基死，益无所忌。与太师李善长相结，以兄女妻其从子佑。

会惟庸子驰马于市，坠死车下，惟庸杀挽车者。帝怒，命偿其死。惟庸请以金帛给其家，不许。惟庸惧，乃与御史大夫陈宁、中丞涂节等谋起事，阴告四方及武臣从己者。

明年正月，涂节遂上变，告惟庸。御史中丞商皓时谪为中书省吏，亦以惟庸阴事告。帝大怒，下廷臣更讯，词连宁、节。廷臣言：'节本预谋，见事不成，始上变告，不可不诛。'乃诛惟庸、宁并及节。

惟庸既死，其反状犹未尽露。至十八年，李存义为人首告，免死，安置崇明。十九年十月，林贤狱成，惟庸通倭事始著。二十一年，蓝玉征沙漠，获封绩，善长不以奏。至二十三年五月，事发，捕绩下吏，讯得其状，逆谋益大著。会善长家奴卢仲谦首善长与惟庸往来状，而陆仲亨家奴封帖木亦首仲亨及唐胜宗、费聚、赵庸三侯与惟庸共谋不轨。帝发怒，肃清逆党，词所连及坐诛者三万余人。乃为《昭示奸党录》，布告天下。株连蔓引，迄数年未靖云。"①

"蓝玉，定远人。开平王常遇春妇弟也。初隶遇春帐下，临敌勇敢，所向皆捷。遇春数称于太祖，由管军镇抚积功至大都督府佥事。

太祖遇之厚。浸骄蹇自恣，多蓄庄奴、假子，乘势暴横。尝占东昌民田，御史按问，玉怒，逐御史。北征还，夜扣喜峰关。关吏不时纳，纵兵毁关入。帝闻之不乐。又人言其私元主妃，妃惭自经死，帝切责玉。

西征还，命为太子太傅。玉不乐居宋、颖两公下，曰：'我不堪太师耶！'比奏事多不听，益怏怏。

二十六年二月，锦衣卫指挥蒋瓛告玉谋反，下吏鞫讯。狱辞云：'玉同景川侯曹震、鹤庆侯张翼、舳舻侯朱寿、东莞伯何荣及吏部尚书詹徽、户部侍郎傅友文等谋为变，将伺帝出藉田举事。'狱具，族诛之。列侯以下坐党夷灭者不可胜数。手诏布告天下，条列爱书为《逆臣录》。至九月，乃下诏曰：'蓝贼为乱，谋泄，族诛者万五千人。自今胡党、蓝党概赦不问。'"②

（二）案情解读

胡，即胡惟庸，蓝是蓝玉。胡惟庸，凤阳府定远县（今属安徽）人，早年于和州追随朱元璋，颇受宠信。历任元帅府奏差、转宣使、宁国主簿、宁国知县、吉安通判、湖广佥事、太常少卿、本寺卿等职。洪武三年，拜中书省参知政事。六年七月，任右丞相，位居百官之首。

明朝建立后，朱元璋先后任命过四员丞相：李善长、徐达、汪广洋和胡惟庸。其中胡惟庸在中书省主政时间最长，权最重。胡惟庸很早便以精明干练而受知于李善长，李曾多次推荐和提拔他，最后胡惟庸的女儿嫁给了李善长的堂侄李佑，成了亲戚，因此胡惟庸和李善长的关系甚为密切。胡惟庸任丞相后，权势一天比一天大，便专权跋扈起来，不能自我克制。大将军徐达深恶其奸，将他的不法之事上告朱元璋，胡惟庸得知后，企图陷害徐达。刘基（伯温）病重，朱元璋派胡惟庸带医生前去看望，不久刘基暴死，胡惟庸成了重点怀疑对象，朱元璋对胡有所警觉，欲对胡加以惩戒。一次，胡惟庸的儿子骑马在闹市奔跑，不慎坠落死于马车下，胡惟庸便处死了车夫。朱元璋大怒，令胡惟庸偿命，胡想以金帛了结此事，朱元璋不许，胡惟庸非常害怕，就与御史大夫陈宁、中丞涂节等密谋，并通知各方跟随自己的人随其谋事。胡惟庸还和当时被朱元璋谴责的吉安侯陆仲亨、平凉侯费聚往来密切，胡让二人在外地招兵买马，准备造反。胡惟庸的行为越来越离谱，性质也越来越恶劣。洪武十三年（公元1380年）正月，御史中丞商皓时揭发了胡惟庸的阴谋之事，朱元璋忍无可忍，下令捕杀胡惟庸。同时牵连被杀的还有御史大夫陈宁、中丞涂节等数人，这就是明史中的胡惟庸案。

① 引自张廷玉等.《明史·列传·奸臣》。
② 引自张廷玉等.《明史·蓝玉传》。

胡惟庸被杀后的几年中，胡的一些反叛之事又被陆续揭发出来。洪武二十三年，（公元 1390 年）李善长家奴告发了李善长与胡惟庸往来情况；吉安侯陆仲亨家奴告发陆仲亨及唐胜宗、费聚、赵庸三侯与胡惟庸共谋不轨之事。至此，朱元璋震惊，认为李善长与胡惟庸有亲戚关系，已经形成了反叛朋党，罪孽深重。随即处死了七十七岁的太师、韩国公李善长及其家七十余人。朱元璋并未就此罢休，继续追究与胡惟庸有牵连者，大开杀戒。最终，因胡惟庸一案被诛杀或已死被追夺封爵的功臣共计二十一侯，株连而死者共达三万余人。

蓝玉，凤阳府定远县（今属安徽）人，开平王常遇春的妻弟。起初在常遇春帐下做事，临阵遇敌勇敢，战无不胜。洪武二十年（公元 1387 年）任大将军，随即晋升凉国公。朱元璋将其比为汉代的卫青、唐代的李靖。但蓝玉却恃功骄横，夺占民田，多行不法之事。洪武二十六年（公元 1393 年），锦衣卫告其谋反，结果被族诛，牵连诛杀者达一万五千余人。此案被称作"蓝玉案"。

朱元璋借"胡蓝案"，大杀逆臣反将，进一步从制度上加强皇权。朱元璋在"胡惟庸案"案发之后，取消中书省，废除宰相制度，分相权于吏、户、礼、兵、刑、工六部，由其直接统管六部。又设都察院监察百官，设锦衣卫等特务机构对朝臣和百姓进行监督。此外，诛杀功臣宿将，消除皇帝宝座的潜在觊觎者，进一步加强和巩固皇权。

二、梃击案

（一）案例原文

四十三年春正月乙丑，徐州决河工成。三月丁未朔，日有食之。夏五月己酉，蓟州男子张差持梃入慈庆宫，击伤守门内侍，下狱。丁巳，刑部提牢主事王之寀揭言张差狱情，梃击之案自是起。己巳，严皇城门禁。癸酉，召见廷臣于慈宁宫。御史刘光复下狱。甲戌，张差伏诛。[①]

（二）案情解读

此案发生于明朝万历四十三年（公元 1615 年），该年五月四日，一个陌生男子手持一枣木棒闯入慈庆宫，此宫是太子朱常洛的寝宫。第一道门寂然无人，第二道门只有两名老太监（一个七十多岁，一个六十多岁）把守，这个陌生男人打伤一个老太监，直奔前殿檐下。适时，太子内侍韩本用率七八名太监赶来，将凶犯擒获，押送到东华门守门指挥朱雄处。巡皇城御史刘廷元立即对案犯进行初审，案犯供称，他叫张差，蓟州井儿峪人。再看此人，表情呆滞，语无伦次。经严刑审讯，也只是说些"吃斋讨封""效劳难为我"之类不着边际的话。刘廷元就将此案上奏皇帝，认

---

① 引自张廷玉等.《明史·本纪·卷二十一》。

为张差是癫疯之人，不过，好像还有内情，请让法司严加审问。刑部山东司郎中胡士相、员外郎赵会桢、劳永嘉一起对其复审后，认为张差确实是个疯子，他是因为所积柴草被人焚毁，气愤发癫而为，依律判处斩刑，这就是"梃击案"。

"梃击案"一起，满朝震惊。凡有常识的人都会疑问：一个癫疯之人，怎么会在大白天闯入皇宫呢？皇宫本应该是由侍卫严格把守、戒备森严的，当天为什么只有两个老太监看门？张差闯进宫门后，为什么别的地方不去，偏偏跑到太子住的慈庆宫？而当时，大家都知道，神宗（万历皇帝）有两个儿子。长子朱常洛为王恭妃所生，次子朱常洵为郑贵妃所生。神宗宠爱郑贵妃，有意立朱常洵为太子。但根据各代立皇太子的一般原则，应当是"有嫡立嫡，无嫡立长"，即嫡长子继承制。所以，最后立的太子是皇帝不喜欢、郑贵妃敌视的朱常洛。所以，大家推测，此案可能是郑贵妃和她弟弟郑国泰所为，图谋加害太子。

刑部尚书王之寀心中更是怀疑，决心要把事实弄清楚。五月十一日，王之寀私下里询问张差，经过开导，得知张差原名张五儿，马三舅、李外文及一匿名太监在城内一大宅中给了他一根木棒，让他闯宫。王之寀就将得到的情况再次上奏给万历皇帝。随即，大理丞王士昌、行人司正陆大受、户部尚书张庭、给事中姚永济等人接连上书附会王之寀的奏章。然而，陆大受的奏章中有"奸戚"二字，万历十分讨厌这种称呼，拒不批复这些奏章。

御史又将此案交蓟州府，要求调查张差的情况。蓟州知州戚延龄复文称，张差卖柴被烧，是持木棒欲告御状，并不是谋害太子。得到此调查后，原审官胡士相、赵会桢、劳永复以此为据坚持原来的结论。但这并不能打消人们的怀疑。

五月二十一日，刑部会同十三司司官胡士相、陆梦龙、邹绍光、曾日唯、赵会桢、王之寀、劳永嘉、吴养源、曾之可、苛文等再审此案。经过严格审问，张差供出：马三舅名三道，李外文名守才，匿名老公为庞保，城中大宅是刘成的寓所。是马、李命张差闯宫打太子，另有张差的姐夫孔道也是同谋，共五人。于是又拘捕提审庞保、刘成等人，而此二人皆为郑贵妃宫中内侍。案情有了重大进展，人们纷纷把目光转向了郑贵妃的弟弟郑国泰。万历想保护郑贵妃，于是让其妥为处理。郑贵妃发现如果不暂时妥协，会对自己十分不利，就找到太子朱常洛，苦苦哀求，请其原谅，并发誓自己清白。因为郑贵妃是万历皇帝的大红人，太子对郑贵妃也惧怕三分。

五月二十八日，已经 25 年未见群臣的万历皇帝，感到如果不妥善处理此事，恐生大乱，于是他亲临慈宁宫，太子、三皇孙侍立两旁，召见群臣。神宗拉着太子的手对大家说道："这个儿子很孝顺，朕特别喜欢。你们这些宫外的臣子，不要动不动就散布谣言，离间朕父子。"他回头对朱常洛说："你有什么话，就在这里对他们统统说出来。"朱常洛对百官说道："张差是癫疯之人，赶快把他处死算了。我父子何等亲爱！外面议论纷纷，都是不应该的。再议论下去，你们就是心目中没有国君的臣子，还害得我要成为不孝的儿子了！"于是，万历下令凌迟处死了张差、庞保、刘成。后经过法司审判，张差被凌迟，庞保和刘成处死于内宫，其他人不再株连。这个案子到此不再深究，不了了之。[1]

（三）评析

谋害皇太子等于谋害未来的皇帝，属于"十恶"中"谋反大逆"之罪。《大明律》规定："凡谋反，及大逆，但共谋者，不分首从，皆凌迟处死。祖父、父、子、孙、兄及同居之人，不分异姓，及伯叔父、兄弟之子，不限籍之同异，年十六以上，不论笃疾、废疾，皆斩。"庞保、刘成预先计划，唆使张差实施了此罪。按照规定，谋反及大逆的罪犯在明朝应该被凌迟处死，本案正是如此处理的。只是图谋者的背后指使者没有被挖出来治罪。明朝是中国历史上株连处死人犯出名的朝代，但本案却少有地只查处了有限几人，可见法律在封建时期仅仅是统治者按自己意志行事的统治工具而已。

三、红丸案

（一）案例原文

是日，鸿胪寺官李可灼进红丸。九月乙亥朔，崩于乾清宫，在位一月，年三十有九。[2]

（二）案情解读

泰昌元年（公元 1620 年）8 月，明神宗朱翊钧当了 48 年皇帝后死去，朱常洛即位，史称明光宗。郑贵妃怕朱常洛对她报复，连忙想法讨好朱常洛。朱常洛当太子时，身边有两个姓李的选侍，号称东李西李。朱常洛特别宠爱西李，郑贵妃首先拉拢西李，她出面提议立西李为皇后，西李则提议封她为皇太后以作为报答。郑贵妃又挑选了 8 个美貌的女子送给光宗。朱常洛沉溺于女色，身体一下子垮下来。后又吃了宦官崔文升进的泻药，一天要拉三四十次，人眼看着就要不行了，鸿胪寺丞李可灼自称有仙丹，治得了朱常洛的病。朱常洛一听说是"仙丹"，十分欢喜，连忙召李可灼进宫送药。李可灼进的药是一种红色的丸子，朱常洛吃了一颗，病情似有缓解，一再夸奖李可灼"忠臣！忠臣！"下午三点多钟，朱常洛又吃下一颗红丸，不想第二天黎明即死去。算起来，明光宗朱常洛前前后后只当了一个月的皇帝。

明光宗朱常洛暴毙，朝中大哗。人们指责崔文升是郑贵妃的心腹，故意用泻药伤了朱常洛的元气，其罪不在张差之下。又指责李可灼结交宦官，妄进红丸，是导致朱常洛死亡的元凶。最后两人同时被处死，红丸案也没有能够进一步追查。

---

① 吴丽娟，杨士泰. 中国法制史案例教程[M]. 北京：中央广播电视大学出版社，2011：224.

② 引自张廷玉等.《明史·光宗本纪》。

四、移宫案

（一）案例原文

涟自以小臣预顾命感激，誓以死报。九月乙亥朔，昧爽，帝崩。廷臣趋入，诸大臣周嘉谟、张问达、李汝华等虑皇长子无嫡母、生母，势孤子甚，欲共托之李选侍。涟曰："天子宁可托妇人？且选侍昨于先帝召对群臣时，强上入，复推之出，是岂可托幼主者？请亟见储皇，即呼万岁，拥出乾清，暂居慈庆。"语未毕，大学士方从哲、刘一燝、韩爌至，涟趣诸大臣共趋乾清宫。阍人持梃不容入，涟大骂："奴才！皇帝召我等。今已晏驾，若曹不听入，欲何为！"阍人却，乃入临。群臣呼万岁，请于初六日登极，而奉驾至文华殿，受群臣嵩呼。驾甫至中宫，内竖从寝阁出，大呼："拉少主何往？主年少畏人！"有揽衣欲夺还者。涟格而诃之曰："殿下群臣之主，四海九州莫非臣子，复畏何人！"乃拥至文华殿。礼毕，奉驾入慈庆宫。当是时，李选侍居乾清。一燝奏曰："殿下暂居此，俟选侍出宫讫，乃归乾清宫。"群臣遂退议登极期，语纷纷未定，有请改初三者，有请于即日午时者。涟曰："今海宇清晏，内无嫡庶之嫌。父死之谓何？含敛未毕，衮冕临朝，非礼也。"或言登极则人心安，涟曰："安与不安，不在登极早暮。处之得宜，即朝委裘何害？"议定，出过文华殿。太仆少卿徐养量、御史左光斗至，责涟误大事，唾其面曰："事脱不济，汝死，肉足食乎！"涟为竦然。乃与光斗从周嘉谟于朝房，言选侍无恩德，必不可同居。[1]

予按郑贵妃慧人也，神宗宠之，生福王；李选侍郑党也，光宗宠之。当光宗登极，郑、李进美人等，遂致不起。光宗崩，李选侍犹居乾清宫，欲与熹宗同居，邀封后，垂帘称制；而杨、左等以选侍素无德，又非生母、嫡母与养母，恐有武氏之祸，必欲令选侍出乾清宫，不与熹宗同居，竖议甚正，未免稍激，遂为群小所忌，而祸自此始矣。[2]

（二）案情解读

天启皇帝朱由校因其父泰昌帝朱常洛不得万历皇帝宠爱，自幼备受冷落，直到万历帝临死前才留下遗嘱，册立为皇太孙。朱由校生母王才人虽位尊于李选侍，但因李选侍受宠，被李选侍凌辱而死，临终前遗言称："我与西李（即李选侍）有仇，负恨难伸。"朱由校从小亦受李选侍的"侮慢凌虐"，终日涕泣，形成了惧怕李选侍的软弱性格。

光宗朱常洛死后，西李仍住在乾清宫不走。她把朱由校带在身边，企图挟皇太子以自重。群臣求见皇太子，西李的亲信太监挡在门前，不让他们进宫。兵部右给事中杨涟挺身而出，厉声斥责道："你们这些奴才想干什么？我们都是受皇帝召见的，

---

① 引自张廷玉等.《明史·卷二四四》。
② 引自计六奇.《明季北略·卷二》。

皇帝晏驾了，你们敢造反不成！"太监们这才让开。西李把朱由校藏在自己房里，不让出来。大学士刘一问："太子到哪里去了？"太监们都不答话。东宫伴读王安走进房内，哄西李道："太子出去一下就回来。"他把朱由校带到宫门口，西李又反悔了，叫太监把朱由校带回来。太监们上前拉住朱由校的衣服，朱由校一时也没了主意。这时，杨涟上前将太监斥退。群臣簇拥着朱由校来到文华殿，随后又回到慈庆宫住下，准备登基。

经过一番短兵相接的争斗，群臣对西李更加愤慨，纷纷上书，要求西李搬出乾清宫。西李仗着自己把朱由校从小带大，派太监去叫朱由校，企图通过他来压制群臣。西李派出的太监被杨涟挡在麟趾门前，杨涟对他说："殿下在东宫时是皇太子，现在已经是皇帝了，选侍有什么资格召见皇帝？你去传这个话，将来秋后算账，即使不能把选侍怎么样，你却在劫难逃。"太监听他说得义正词严，只得转身走了。

第二天，群臣齐集慈庆宫外，要求朱由校下诏，令西李搬出乾清宫。杨涟提议由首辅方从哲进宫催促朱由校，方从哲为人比较软弱，说道："迟搬几天也没什么要紧的。"杨涟说："皇长子明天就要登基为天子，哪有天子住在太子宫里，反让一个选侍住在正宫的道理！两宫圣母如果活着，也得夫死从子，选侍算个什么人，竟敢如此欺侮天子！"杨涟还表示："今天要是选侍还不搬出乾清宫，我们死也不走！"其他朝臣也高声附议。在这种情势下，西李只得搬到鸾宫居住，鸾宫是宫女养老的地方。西李这一搬，说明她在政治上再也不能有所作为了。

五、腾同知断庶子产案

（一）案例原文

北京顺天府香河县，有一乡官知府倪守谦，家富巨万。嫡妻生长男善继，临老又纳宠梅先春，生次男善述。其善继悭吝爱财，贪心无厌，不喜父生幼子，分彼家业，尝有意害其弟。守谦逆知其意，及染病，召善继嘱之曰："汝是嫡子，又年长能理家事。今契书账目家资产业，我已立定分关，尽付与汝。先春所生善述，未知他成人否，倘若长大，汝可代他娶妇，分一所房屋，数十亩田与之，令勿饥寒足矣。先春若愿嫁，可嫁之，若肯守制，亦从其意，汝勿苦虐之。"善继见父将家私尽付与他，关书开写明白，不与弟均分，心中欢喜，乃无害弟之意。先春抱幼子泣曰："老员外年满八旬，小婢年方二十有二，此呱儿仅周岁。今员外将家私尽付与大郎官，我儿若长，后日何以资身？"守谦曰："我正为尔年青，未知肯守节否，故不以言语嘱咐汝，恐汝改嫁，则误我幼儿事。"先春誓曰："所不守节终身者，粉身碎骨，不得善终。"守谦曰："既然如此，我已准备在此矣。我有一轴记颜，交付与汝，万宜珍重藏之。后日大儿善继倘无家资分与善述，可待廉明官司，将此画轴去告之，不必作状，自能使幼儿成大富矣。"越月，守谦病故。不觉岁月如流，善述年登十八，求分家财。善继霸住，全然不与，且曰："我父年上八旬，岂能生子？汝非我父亲血脉，故分关开写明白，不分家资与汝，安得与我争也？"先春闻说，不胜忿怒。又记夫主在日，曾有遗嘱。闻得本府同知滕志道，既极清廉，极是明白。遂将夫遗记颜一轴，赴府上告曰："妾幼嫁与故知府倪守谦为婢，生男善述，出周岁而夫故。遗嘱谓嫡子善继不以家财均分，只将此一轴记颜，在廉明官司处告，自能使我儿大富。今闻明府清廉，故来投告，伏乞作主。"滕同知将画轴展开，看其中只画一倪知府像，端坐椅上，以一手指地，不晓其故。退堂，又将此画轴挂于书斋，详细想之曰："指天，谓我看天面；指心，谓我察自心；指地，岂欲我看地下人之分上乎？此必非也。何以代他分得家财，使他儿大富乎？"再三看之，曰："莫非即此画轴中藏有甚留记乎？"乃扯开视之，其轴内果藏有一纸书曰："老夫生嫡子善继，贪财忍心，又妾梅氏生幼子善述，今仅二岁。诚恐善继不肯均分家财，有害其弟之心，故为分关，将家业并新房屋二所，尽与善继。惟留右边旧小屋与善述。其屋中栋左间，埋银五千两，作五埋。右间埋银五千两、金一千两，作六埋，都与善述，准作田园。后有廉明官看此画，猜出此画，命善述奉银一百两酬谢。"滕同看出此情在心，见其金银数多，遂心生一计。次日，呼梅氏来曰："汝告分家业，必须到你家亲勘之。"遂发牌到善继门首下轿，故作与倪知府推让之状，然后登堂。又相与推让，扯椅而坐。乃拱揖而言曰："令如夫人告分产业，此事如何？"又自言曰："原来长公子贪财，恐有害弟之心，故以家私与之。然则次公子何以处？"少顷，又曰："右边一所旧小屋，与次公子，其产业如何？"又自言曰："此银亦与次公子。"又故辞逊曰："我何以当此，亦不当受许多。既如此，我当领之。即给批照与次公子收执。"乃起立曰："便去勘右边小屋。"佯作惊怪之状曰："分明倪老先生对我言谈，缘何不见，岂是鬼耶？"善继、善述及左右环看者，莫不惊讶，皆以滕同知真见倪知府也。由是同往右边去勘屋。滕公坐于中栋，召善继曰："汝父果有英灵，适间显现，将你家事尽说与我知矣。叫你将此小屋分与弟，你心下如何？"善继曰："凭老爷公断。"滕公曰："此屋中所有之物，尽与你弟。其外田园，照旧与你。"善继曰："此屋只贮些少物件，情愿都与弟去。"滕公曰："适间倪老先生对我言，此屋左间埋银五千两，作五埋，掘来与善述。"善继不信曰："纵有万两，亦是我父与弟的，我决不思分。"滕公曰："亦不容汝分。"命二差人同善继、善述、梅先春三人，去掘开，果得银五埋。将一埋秤过，果一千两。善继益信是父英灵所告，不然何以知之。滕公又曰："右边亦有五千两，与善述。更黄金一千两，适间倪老先生命谢我者，可去取来。善述、先春子母二人闻说，不胜欢喜，向前叩头曰："若果更有银五千两，金一千两，愿以金奉谢。"滕公曰："我岂知之！见是你父英灵所告，谅不虚也。"既而向右间掘之，金银之数一如所言。时在见者，莫不惊异。滕公乃给一纸，批照与善述子母收执置业。自取谢金一千两而去。只因看出画中以手指地之情，遂使善述得银，滕公得谢。虽设计骗金，是贪心所使，然骤施此计，亦瞒得人过，所以为判断之巧。若善继知霸家业，而不知父留与弟之银，亦足相当。倪守谦恐以银言于先春，虑其改嫁盗去，而不知滕公已骗其千金。乃知财帛有命，而善继之强占、守谦之深谋，皆无益也。[①]

（二）案情解读

此案发生在明代北京顺天府香河县，该县有一乡关知府倪守谦，家资颇丰，足有数万。倪守谦有一正妻，还纳一小妾梅先春。跟大多数人一样，他也爱妾而嫌其妻。妻生一长男名叫倪善继，妾生有一小子名曰倪善述。长子善继为人悭吝贪财，善述方年幼，于怀抱之中。善继尤其怕弟弟善述到时候跟自己均分家产，于是总想加害于弟。倪守谦早知道大儿子的心思，一直加以防范。

后来倪守谦年纪大了，身染重病，自觉不久于人世，开始为身后事做安排。他将众人唤至床前，嘱托善继以嫡长子身份掌理家务，并写立遗嘱将契书账目家资产业全部分给善继，又告诉大家说善述长大后，分给他一所房屋、数十亩田地，让他免受饥寒即可。梅先春如果愿意改嫁，则随其便。这样，善继独占家资，心满意足，对善述也就没了敌视之意、加害之心。妾梅先春则悲悲切切，怀抱幼子哭泣不已。其实，倪守谦最放心不下的还是小儿子善述，他见梅先春发誓不再改嫁，便将一幅画轴交给她，说日后若长子不分财产给弟弟，便将此画交给官府，不必写立词状，便可使次子善述大富。

数年之后，善述长大成人，请求哥哥分给他家财，哥哥善继不仅不给，还不认其弟为亲父血脉。梅先春不胜愤怒，便想起倪守谦的遗嘱，将画轴送给本府同知滕志道，请其处断。滕同知虽然不是清廉之官，但是个明白之人。滕志道听罢梅先春的叙述，展开画轴，映入眼帘的是一幅倪知府端坐椅上、一手指地的画像。左思右想，滕志道不解其意，便退了堂。他觉得画中必有隐情，再三琢磨，忽然想到，秘密是不是藏在画轴里面呢？他扯开画轴，果然有一张纸跃然而出。他急忙展开此纸，原来是倪知府的遗书一封，上写："老夫生嫡子善继贪财忍心，又妾梅氏生幼子善述，今仅二岁，诚恐善继不肯均分家财，有害其弟之心，故写分契将家业并新房屋二所尽予善继，唯留右边旧小屋与善述，其屋中栋左间埋银五千两，右间亦埋银五千两、金一千两，都与善述，准作田园，后有廉明官看此画，猜出此书，命善述奉银一百两酬谢。"

滕同知一看竟有如此多的银两，心生一计。他找来梅氏，故作神秘地说，要分尔等家产，须到家里亲视，于是来到善继家。等到宅中，进得厅堂，滕同知故作礼貌谦恭的样子，好像在跟故去的倪知府说话，一会儿说将右边旧小屋和银两归善述，一会儿又装作谦逊的样子说自己不该得那么多钱，这是在尽自己的职责，最后他说，既然如此，恭敬不如从命了，只好收下一千两，其余的都归令公子。一番表演过后，他又故作惊讶地对周围人说，刚才在跟倪知府说话，他交代如何分配家财，而现在

---

① 引自余象斗.《廉明公案（下卷）》。

转眼他怎么又不见了啊，莫非见到鬼了？善继弟兄见此情景，以为是父亲显灵了，诚惶诚恐。于是，在滕同知率领下，众人起身勘察右屋，滕同知说，刚才倪知府显灵了，嘱托要将此屋及其中的财产都归善述所有。问善继是否同意，善继正在恐惧之中，不知此是滕同知一计，便点头应允。滕志道见善继答应了，便接着说，倪公说此屋中有金银埋藏，于是他便派人在屋中挖了起来。不一会儿，果然，足足万两白花花的银子，还有上千两黄澄澄的金子展现在众人面前，人们惊得目瞪口呆。乘此之机，滕志道说，刚才倪公跟我说了，他要把这一千两黄金送给我作为酬谢。梅先春母子也不知道说什么好，只顾千恩万谢，乐呵呵地将千两黄金送给了滕志道。①

（三）评析

一夫一妻制早在夏商时期就已实行，从那时候起，男女之间的不平等关系也被确立。男子名义上只能有一个妻子，但可以纳妾。女子只能有一个丈夫。丈夫可以在"七出三不去"的原则下休妻，而女子原则上是"从一而终"。这种情况一直延续到清末，甚至到民国时期男女之间的不平等地位仍很严重。

在身份继承方面，中国社会早期曾出现过兄终弟及，到西周以后，基本上是嫡长子继承制。而财产继承则有一个变化过程。明朝《大明令·户令》规定："凡嫡庶子男，除有官荫袭，先尽嫡长子孙，其分析家财田产，不问妻妾婢生，只依子数均分；奸生之子，以子数量半分；如别无子，立应继之人为嗣，与奸生子均分；无应继之人，方许继承全分。"可见明代财产继承不管嫡庶一律按人数均分；奸生子有所区别，但亦有继承权。

① 吴丽娟，杨士泰. 中国法制史案例教程[M]. 北京：中央广播电视大学出版社，2011：236-237.

第八章　清代法典精要及案例

第一节　清代法典编纂情况概述

一、清代的主要立法思想

清入关前，统治者法律思想的集中体现是努尔哈赤与皇太极的法律思想。努尔哈赤在创建后金国的实践中，逐渐认识到建立法制、严守法度、"以赏示信，以罚示威"的重要性。他把严格执行法令提升到"立国之道"的高度，告诫诸子和众侄说："若谓为国之道何以为坚，则事贵乎诚，法令贵乎严密完备。毁弃良谋，轻慢所定之严格法令者，乃无益于政，国之鬼祟也。"①

在努尔哈赤的法律思想中，公平执法是核心，这是他在总结明末政治腐败、法纪废弛、国力衰微的教训中得出来的。与公平执法相联系的是信赏必罚。由于努尔哈赤将执行法律视为杜绝犯罪的必要手段，因此主张严惩犯罪，特别是严惩逃叛等政治性犯罪。虽然努尔哈赤主张以严法治罪，但在用刑上却已注意到区分首恶与共犯、过失与故意，以及考虑民族差异。鉴于明末因司法黑暗、贿赂公行，导致社会矛盾激化、国势衰微，因而他非常重视司法，并把听讼作为理政的重要内容。

总而言之，努尔哈赤的法律思想既以女真族传统的习惯法为基础，又吸收了汉族先进的法律文化；既杂有氏族民主制的残余和敬天的宗教观念，又体现了专制权威的发展。

努尔哈赤去世以后，皇太极即位，在迅猛发展的形势下，皇太极的法律思想较努尔哈赤又大大前进了一步。皇太极继承了努尔哈赤重视法制、以肇建基业的法律思想，同时其又把法制问题提升到"保邦致治之计"的高度，为此强调"国家立法，不遗贵戚"。

在皇太极的法律思想中，最具有代表性的是他在吸收汉族先进法律文化的基础上所确认和推行的"参汉酌金"的立法思想与立法路线。特别值得指出的是，其初

---

① 引自巴克希等.《满文老档·太祖·癸丑年十二月》。

步揭示了人民生计以及吏治同犯罪的关系。他从总结历史与现实的统治经验中，逐渐认识到人民生计的贫富和吏治的好坏，与犯罪有着密切的关系。因此，在其统治时期，法令虽然严峻，但并不一味地靠重典维持统治。①

皇太极从进化的历史观出发，一方面提出建立以满洲固有传统为内涵的一代制度，另一方面在同汉族长期不同形式的交往中，逐渐接受了汉族先进法律文化的影响，因而不断革除满族落后的习惯②。

二、清代的主要立法活动

清朝立法活动经历了三个发展阶段③。

第一阶段：开国时期，天命元年至顺治元年（公元 1616 年—公元 1644 年）。在这个阶段，无论经济、政治、文化都出现了大跨度的飞跃发展。法制建设也具有丰富的内容，对于统一东北各部落、挺进辽沈，进而统一全国都发挥了重要的作用，其民族特色和时代特色尤为鲜明，是中国法制史上值得重视的一页。

关外时期的立法活动，始于努尔哈赤"定国政"的过程。进入辽沈地区以后，面对"逃叛者纷纷倡乱"，各地"人民击杀八旗官兵"的严峻形势，努尔哈赤发布《禁单身行路谕》，其是一部单行的成文法。

由于努尔哈赤集政权、族权、神权于一身，因此他随时颁发的谕令既是最重要、最经常的立法活动，也是最基本的法律形式。除此之外，诸王贝勒发布的文书、规则也是一种法律形式。

至皇太极统治时期，社会经济、政治关系迅速发展，推动了立法活动的发展，从总体看已经进入封建法制的创建阶段，立法活动涉及行政、民事、经济、刑事、司法各个方面。

第二阶段：统治全国时期，顺治元年至道光二十年（公元 1644 年—公元 1840 年）。这个阶段是清朝由发展趋于衰落的重要时期。经过康、雍、乾三朝一百多年相对稳定的统治，经济、政治、文化都取得了明显的进步。就法制而言，从顺治朝起便把"参汉酌金"的立法路线推行到全国。随着统一多民族国家的稳定，在全国范围内建立了空前统一的法制秩序。其立法之宽泛，制度之完备，程序之明确，规范之细密，均达到了中国封建法制史上的高峰。

顺治元年（公元 1644 年）六月，当时摄政之睿亲王多尔衮采纳大臣柳寅东、孙襄、吴达海等人的意见，下令修订《大清律集解附例》，并于顺治四年三月颁行。这是大清第一部完整的成文法典。由于当时立国未稳，四海未靖，编纂仓促，其篇

---

① 张晋藩. 清律研究[M]. 北京：法律出版社，1992：16.
② 张晋藩. 中国法制通史[M]. 北京：法律出版社，1999.
③ 张晋藩. 清朝法制史概论[J]. 清史研究，2002（3）：17-25.

目各卷、分卷次序大致沿袭《大明律》，律文本身的出入也十分有限。康熙九年（公元 1670 年），由大学士、管理刑部尚书事对喀纳等，会同都察院、大理寺将《大清律集解附例》的满、汉文义进行校正，并另修订"刑部则例"，别成一书，称为《现行则例》。雍正时期，清代律例逐步趋向定型。雍正元年（公元 1723 年），胤禛命大学士朱轼等为总裁，将《大清律集解附例》和《现行则例》进行"逐年考证，重加编辑"，是为雍正朝《大清律集解》。乾隆即位之初，即于元年（公元 1736 年）命三泰等人"逐条考证，重加编辑"，最终于乾隆五年（公元 1740 年）完成，并定名为《钦定大清律例》，完成了清代最为系统、最具代表性的成文法典[1]。

《钦定大清律例》颁布以后，将律文定为"祖宗成宪"，不可变动。清廷不仅多次重申其稳定性，并严厉斥责要求改律的条奏，仅每隔一段时期可以"酌修条例"。初定每隔三年增补纂修条例一次，后改为五年一小修，限十个月完成，十年一大修，限十二个月完成。

第三阶级：衰亡时期，道光二十年至宣统三年（公元 1840 年—公元 1911 年）。在这个阶段，清朝国势衰微，传统的封建法系，在国内外形势急剧变化冲击下逐渐解体，资本主义的法律体系开始输入中国。道光二十年（公元 1840 年）鸦片战争以后，外国侵略者凭借不平等条约，打开中国闭关锁国的大门，攫取了中国的经济、政治、司法大权，使中国逐渐沦为半殖民地半封建社会。

清朝，虽保持着封建帝国的外貌，实际上已经变成外国侵略者操纵下的半殖民地半封建政权。就法制而言，也已处于必变之势。从道光二十年至光绪二十七年（公元 1840 年—公元 1901 年）主要是外国侵略者通过不平等条约取得了领事裁判权，并在租界内建立了会审公廨，使中国丧失了司法主权。从光绪二十七年至宣统三年（公元 1901 年—公元 1911 年），封建法律体系已经不适应急剧变动的新形势、新关系，开始变法修律，按照资本主义国家的法律体系，制定了宪法大纲、新刑律、民律、商律、诉讼法、法院组织法等各个部门法草案，打破了诸法合体的体例，引进了大陆法系的六法。由于清末修律以"务期中外通行"为宗旨，表现出了特有国情烙印。清末立法虽然大部分未及实行便已覆亡，但却为后来的北洋政府所援用，成为近代中国法制史的发端。

---

[1] 孙家红.《大清律例》百年研究综述[J]. 法律文献信息与研究，2008（2）：1-14.

第二节　鸦片战争前的清代主要法典

一、《大清律集解附例》

顺治元年至顺治十三年（公元 1644—1656 年），清廷集中了满汉熟谙儒学律意的朝臣，特别是集合了深通明律的吴达海、党崇雅、范文程、冯铨、洪承畴、宁完我、毛永龄等明时旧臣，在《大明律集解附例》的基础上，迅速制定了《大清律集解附例》。但因其产生于清朝入关不久，处于社会矛盾、民族矛盾、阶级矛盾异常尖锐的历史环境下，统治者不可能集中本集团的智慧与力量，促使刑律臻于完善。相反，却表现出简单抄袭明律的明显弊端，以至于某些条文完全不适应清初的国情。此外，因天下未定，即便国家大法也不可能认真贯彻。尽管《大清律集解附例》存在诸如此类的缺陷，但它毕竟标志着清朝第一部刑事法典的问世和国家以常法统治的开始①，初步规范了王朝建立之初的清代社会，也反映了清初统治者对于法律规范的初步理解，为制定、完善更符合现实情形的清代法律规范体系打下了基础。《大清律集解附例》凡三十卷，共四百五十八条，其篇目及分门，完全沿袭《明律》，律条亦无大出入。

二、《大清律例》

乾隆皇帝即位后，重修大清律，对原有律例逐条考证，折中损益，于乾隆五年（公元 1740 年）完成，定名《大清律例》，刊行天下，并宣布"永远遵行"。至此，中国历史上最后一部封建成文法典，以《大明律》为蓝本，经过近百年的修订终于完成。它可谓是中国封建法律的集大成者。汉、唐以来确立的封建法律的基本精神、主要制度在《大清律例》中都得到了充分体现。同时，《大清律例》的制定又充分考虑了清朝的政治实践和政治特色，在一些具体制度上对前代法律有所发展和变化。

从《大清律集解附例》经《大清律集解》到《大清律例》，不仅仅是法典名称的变动，也不仅仅是例的不断调整与修订，它实际是清代统治集团巩固政权，逐步建立起自己统治秩序的一百年。到《大清律例》颁布时，不仅清统治者自己完成了汉化，适应了对于疆域辽阔的多民族国家的治理，而且也总结了历代的得失，融合了丰富的立法治国经验，有了自己独特的控制理念与方式方法。所以，《大清律例》

---

① 张晋藩. 清朝法制史[M]. 北京：法律出版社，1994：152.

颁布后，统治者自己也认为这是一部成熟的法典，此后不再修律，仅以新增例来弥补律文的不足。

《大清律例》的结构形式、体例、篇目与《大明律》基本相同，分为名例律、吏律、户律、礼律、兵律、刑律、工律七篇。

《大清律例》在正式律文之前，附有律分八字之义、五刑之图、狱具之图、丧服总图、本宗九族五服正服之图、妻为夫族服图、妾为家长族服之图、出嫁女为本宗降服之图、外亲服图、妻亲服图、三父八母服图等图谱。

《大清律例》共7篇、47卷、30门、436条。其篇目如下：

名例律，相当于总则部分，包括五刑、十恶、八议等重要内容，共48条；

吏律，包括职制门16条和公式门14条，共30条；

户律，包括户役门16条、田宅门11条、婚姻门18条、仓库门23条、课程门19条、钱债门3条和市廛门5条，共95条；

礼律，包括祭祀门6条和仪制门20条，共26条；

兵律，包括宫卫门19条、军政门21条、关津门7条、厩牧门11条和邮驿门18条，共76条；

刑律，包括贼盗门28条、人命门20条、斗殴门22条、骂詈门8条、诉讼门12条、受赃门11条、诈伪门11条、犯奸门10条、杂犯门11条、断狱门29条，共170条；

工律，包括营造门9条和河防门4条，共13条。

《大清律例》的总体框架是由"名例律"和"六律"构成。"名例律"列于篇首，是关于刑名、刑等、刑之加减、恤刑、赦免、共犯、自首、类推等方面的原则性规定，其作用大致相当于现代法律之"总则"。"六律"与中央六部相对应，即吏律、户律、礼律、兵律、刑律、工律，基本是按六部的管理事务范围来划分的，其中又以"刑律"所占比重最大，涉及方面也最广。从具体法律范围看，《大清律例》由律、小注、例三者组成。律是关于某一犯罪及处罚的一般规定。小注一般以小字夹编在律或例条相应的行文之间，主要起疏通或注释的作用。例的地位和作用比较有争议，大致说来属于特别法规之类。除此之外，还有几个重要的组成部分，如卷首的八图（包括丧服总图、纳赎图等）和所附的"比引条例"。

《大清律例》中的律，大都不是什么新事物，"今律可云即唐律之旧，亦即魏晋律之旧，亦即萧何、李悝之旧"。按照《四库书目提要》史部"政书类"关于《唐律疏义》条目的释解，《大清律例》直接承袭《大明律》，间接承袭《唐律疏议》。其对《唐律疏议》的沿革，表现为多种情况。

其一，从《唐律疏议》中直接移植。《唐律疏议》中的名例、职制、贼盗、诈伪、杂犯、捕亡、断狱等篇目，在《大清律例》中继续保有。

其二，将《唐律疏议》中某些篇目分解为另外一些篇目。例如，《唐律疏议》

中的户婚，在《大清律例》中分解为户役、婚姻；厩库分解为仓库、厩牧；斗讼分解为斗殴、诉讼。

其三，实际上相同而形式上稍异。例如，《唐律疏议》中的卫禁，在《大清律例》中称为宫卫；擅兴称为军政。

其四，还有其他一些情况。如关津留难诸条，在《唐律疏议》是入于卫禁的，在《大清律例》中则入于关津；乘舆服御物、事应奏不奏、驿使稽程、以财行求诸条，《唐律疏议》俱入职制，《大清律例》则分别入礼律中的仪制、吏律中的公式、兵律中的邮驿、刑律中的受赃；谋杀人诸条，《唐律疏议》入盗贼，《大清律例》入人命；殴骂祖父母、父母诸条，《唐律疏议》并入斗讼，《大清律例》析为两条，分别入斗殴、骂詈；奸罪、市司平物价、盗决堤防、毁大祀丘坛、盗食田园瓜果诸条，《唐律疏议》都在杂律中规定，《大清律例》则分别在刑律中的犯奸、户律中的市廛和田宅、工律中的河防、礼律中的祭祀中予以规定。从《唐律疏议》与《大清律例》的以上比较中可以看出，《大清律例》十之七八是本源于《唐律疏议》的。

《大清律例》法律规范体系覆盖了上至将相、下至普通民众的几乎所有臣民，同时还充分考虑到民族习惯和地方特色，因时制宜、因地制宜，内容广泛，又符合民情。《清史稿·刑法志》曾对雍正朝的修律倍加称赞："其立法之善者，如犯罪存留养亲，推及孀妇独子；若殴兄致死，并得准其承祀，恤孤蝥且教孝也。犯死罪非常赦所不原，察有祖父子孙阵亡，准其优免一次，劝忠也。枉法赃有禄人八十两，无禄人及不枉法赃有禄人一百二十两，俱实绞，严贪墨之诛也。衙蠹索诈，验赃加等治罪，惩胥役所以保良懦也。强盗分别法无可贷、情有可原，奸渠魁、赦胁从之义也。复仇以国法得伸与否为断，杜凶残之路也。凡此诸端，或隐合古义，或矫正前失，皆良法也。"①且不论其言语中的溢美之词，但其中反映出的清统治者在立法时的仔细与用心，也是一种事实，这一切奠定了清代立法高度完备的基础。

清代已处于我国封建社会的末期，西方已开始进入资本主义社会，而《大清律例》比历代封建法典更顽固地强化封建制度，终于落伍于时代，《大清律例》对皇权与父权家长制的强化，以及刑罚之残酷，超过了封建社会鼎盛时期的唐律，甚至比以专制主义著称的明律还厉害，其民族歧视与压迫和严刑峻法是法制史上少见的。《大清律例》竭力维护封建生产关系，抑制资本主义萌芽的发展。《大清律例》的经济立法主要在户律与工律中，其他篇也有涉及。这些经济立法比起历代封建法典要多得多。这反映了由于封建经济的发展，封建国家越来越重视运用法律手段来调整经济关系。

---

① 引自赵尔巽.《清史稿·刑法志一》。

三、《大清会典》

清代编纂会典，凡五次：康熙二十九年、雍正十年、乾隆二十七年、嘉庆十七年和光绪二十五年，合称"五朝会典"，统称《大清会典》。各会典体例相同，而后典删修增补前典，收录行政法规，具有综合法典的性质。光绪《大清会典》，正文一百卷，附事例一千二百二十卷，是中国封建社会最系统、最完整的行政法典。

五朝会典结构、体例基本一致。下面仅以《康熙会典》为例进行简要分析。《康熙会典》是清朝入关后正式颁行的第一部会典，具有封建行政法典性质。它所包括的内容比较明确，"凡职方、官制、郡县、营戍、屯堡、觐享、贡赋、钱币诸大政于六曹庶司之掌，无所不隶"。《康熙会典》把上自清初，下至康熙二十六年国家的典章制度，统统规定于其中，可具体划分为以下六个方面①：

（1）行政领导中枢为内阁制。职能是协助皇帝处理国家政务，并有权做出或实施国家的重要决策。

（2）行政执行机构为六部制。具体划分如下：吏部包括文选、考功、验封、稽勋诸司；户部包括州县、田土、户口、赋役等十四司；礼部包括仪制、祠祭、主客、精膳诸司；兵部包括武选、职方、车驾、武库诸司；刑部包括十四司、律例、罪名、分呈词讼、旗人犯罪、朝审、热审等各部门；工部包括营缮、虞衡、都水、屯田各司。与历代相比较，这是较为完备的行政体系。

（3）监察机关为科院制。都察院负责全国的行政与司法检查，包括风宪总例、督抚建置等多项；六科给事中，负责对吏、户、礼、兵、刑、工各部的监察，此外还有临时性的监察机构及派遣使节。

（4）司法部门为部、寺并行制。刑部独立行使全国的司法审判和刑狱管理；而大理寺掌管重大案件的审判与复核。

（5）内务机关分立制。所谓内务，《康熙会典》规定为三种成分，即管理皇族事务的宗人府、太子事务的詹事府和皇宫事务的内务府等，都是与六部并行且独立掌管皇室内务事务的部门。还有寺、监机构，负责具体的某些内务，如太常寺、光禄寺、鸿胪寺、通政使司等，皆是礼仪、祭祀、外交等职能部门，也管理皇廷内务。监有国子监与钦天监，前者负责教育，培养贡生和监生，为国家选拔高级文官；后者是负责天文律令的科学机关，仍属文教与科学事务部门。保卫机关是极重要的宫廷安全部门，主要负责京城和皇宫的警卫工作，包括五城兵马指挥司、銮仪卫和金吾卫等。

（6）宗教机构为特设行政部门。其负责管理各民族的宗教事务，主要有司经局、

---

① 张晋藩. 中国法制通史[M]. 法律出版社，1999：84-85.

道录局、僧录局等。

五朝大清会典，详载清代自初建至光绪各朝的行政机构的职权、组织、事例和活动原则，是了解和研究清代典章法制的重要文献。

第三节　鸦片战争后的清代主要法典

一、《大清新刑律》

《大清新刑律》于 1907 年完成草案，1911 年 1 月公布，是晚清修律最重要的成果。《大清新刑律》吸收了日本法学博士冈田朝太郎的意见，对旧律例做了以下修改：其一，更改刑名，即将原律例的笞、杖、徒、流、死五刑，改为死刑、徒刑、拘留、罚金四种，以剥夺公权、没收为附加刑。其二，酌减死罪，比照西方近代刑法，只设"大逆、内乱、外患、谋杀、放火等项"，由重就轻，以与各国无大悬绝。其三，死刑唯一，执行方法只定"绞刑一种，仍于特定之刑场所密行之"，但"谋反大逆及谋杀祖父母、父母等条，俱属罪大恶极，仍用斩刑，则另辑专例通行"。其四，删除比附，采用罪刑法定主义。其五，惩治教育，确立十六岁为刑事丁年，"丁年以内乃教育之主体，非刑罚之主体"①。

《大清新刑律》是晚清修律最主要的成果，它打破了民刑不分、诸法合体的传统结构，"凡非科刑定罪者概不入刑律之范围"，是一部单纯的刑法典。《大清新刑律》采用总则、分则分编的近代刑法体例，该律共五十三章，四百一十一条，《暂行章程》五条。其中总则部分十七章，八十八条；分则部分三十六章，三百二十三条。引进了缓刑、假释等西方近代刑法制度及罪刑法定、罪及自身、不溯及既往等西方近代刑法原则和刑制。正因为如此，当征求各部院督抚笺注对新刑律意见及提交资政院审议时，遭到顽固守旧派的猛烈抨击。他们以礼教作为武器，以清廷最高统治集团中的顽固派作为后盾，迫使以沈家本为代表的法理派同意在《大清新刑律》后，附加《暂行章程》五条，对新刑律的某些条款和精神，做了重要修改。例如：①凡危害皇帝乘舆车驾者、内乱罪、外患罪，以及杀伤尊亲属者，仍用"斩"。②增加死刑。凡有损坏、遗弃、盗取尸体者，以及强盗罪，"应处一等以上徒刑者，得因其情节仍处死刑"。③"犯第二八九条之罪为无夫妇女者，处五等有期徒刑、拘役或一百元以下罚金。其相奸者，亦同"。④"对尊亲属有犯，不得适用正当防卫之例"，等等。《暂行章程》清楚地说明封建顽固势力对皇权和清朝政治统治的捍卫，对封建纲常礼

---

① 故宫博物院明清档案部. 清末筹备立宪档案史料[M]. 北京：中华书局，1979：846-849.

教的维护，以及对传统封建重刑主义的坚持。《大清新刑律》未及正式实施，清朝即灭亡。但它对以后的"中华民国"刑事立法却有深远的历史影响。①

二、《大清商律草案》

近代工商业的发展产生了对商法的迫切需要。1903 年清任命载振、袁世凯等主持《商律》的起草活动。相继《商人通例》、《公司律》等颁布。1906 年，《破产律》颁布。1908 年，宪政编查馆聘请日本法学家志日钾太郎起草《大清商律草案》。该草案包括《总则》、《商行为》、《公司法》、《海船法》、《票据法》等五部分，共一千零八条。《大清商律草案》是中国近代第一部商法典，但因其多采用日本法制，与中国国情不符，故未能获准颁布施行。

三、《大清民律草案》

1840 年鸦片战争以后的社会巨变，使得中国封建社会以刑为主、诸法合体的法律体系，已经完全不适应时代的需要，而必须加以改变。因此，晚清开始着手起草独立的民法典。

在制定民律之前，先将原《大清律例》和《户部则例》中有关继承、婚姻、田宅、钱债等条款抽出汇集成独立部分而不再科刑，从此开创独立编纂民事法律的先河。

修订法律馆于 1907 年开始编纂民事法典，并聘请日本法学家松冈义正、志田钾太郎参与《大清民律草案》的制定，负责起草总则、债权、物权三编，其余亲属、继承两编由修订法律馆会同礼学馆共同起草。1911 年 8 月，草案全部完成。第一编总则，共八章，即法例、人、法人、物、法律行为、期间及期日、时效、权利之行使及担保，合计三百二十三条。第二编债权，共八章，即通则、契约、广告、发行指示证券、发行无记名证券、管理事务、不当得利、侵权行为，合计六百五十四条。第三编物权，共七章，即通则、所有权、地上权、永佃权、地役权、担保物权、占有，合计三百三十九条。第四编亲属，共七章，即通则、家制、婚姻、亲子、监护、亲属会、抚养之义务，合计一百四十三条。第五编继承法，共六章，即通则、继承、遗嘱、特留财产、无人承认之继承、债权人或受遗人之权利，合计一百一十条。五编总计三十六章，一千五百六十九条。前三编多仿照德、日和瑞士等国的资本主义民法典，后两编沿袭了中国封建社会以礼制为基本精神的民事法律规范。正如修订法律大臣俞廉三、刘若曾在"奏进民律前三编草案折"中所说，民律草案一方面"注

---

① 张晋藩. 清朝法制史[M]. 北京：法律出版社，1994：711.

重世界最普通之法则"和"原本后出最精确之法理",实即抄袭资本主义一般民事法律原则;另一方面"求最适于中国民情之法则",也就是力求符合中国的封建礼教传统。

《大清民律草案》虽然没有施行,但它打破了以刑为主的旧律体例,吸取了资本主义民法的新原则,在法律发展史上是一个进步。基于中国当时的国情,决定了它在资本主义民法的形式下,又不可避免地融入了封建礼制因素。

张晋藩先生认为,《大清民律草案》具有以下三个特点①:

首先,维护封建地主和资产阶级的私有财产权。《大清民律草案》对于土地所有权的范围明确规定为"及于地上地下"。土地所有人得禁止他人入其地内,以维护其所有权的安全。至于承租土地的佃农,"虽因不可抗力",致"使用土地有妨碍"或"收益受损失",也不得请求减免地租额。

《大清民律草案》还规定,所有人于法令限制内,得自由使用、收益、处分其所有权,他人不得稍加妨害。若他人干涉其所有物时,得排除之。《大清民律草案》也保障债权人得向债务人请求给付,或请求不履行之损害赔偿。

上述条款从形式上看,对于社会各阶级阶层是一律平等的,但旧中国的国情决定了它实际上是维护地主、资产阶级的利益,对于贫苦无告的广大劳动群众没有任何实际价值。

其次,维护封建婚姻家庭关系。《大清民律草案》仍仿照封建旧律的原则规定,强调结婚须由父母允许;未满三十岁的男子,未满二十五岁的女子,如离婚也必须经过父母。这等于确认了封建包办婚姻的合法性,同时允许男子可以纳妾。在家庭关系中继续认定封建家长制,所谓"家政统于家长"。作为社会细胞组织的家庭,对于维护国家政权具有十分重要的意义,《大清民律草案》做出如此规定,反映了晚清立法者保守的意向。

再次,运用资本主义民法原则,保护帝国主义列强在华权益。《大清民律草案》从体系到基本内容,都采用了资本主义的民法原则和基本规定,有些是着眼于维护帝国主义在中国的权益,如关于外国社团法人地位的规定,实际上是保证了外国垄断资本经济侵略的自由权利。

《大清民律草案》从整体结构上确定代表了当时世界最先进的民法理论,唯其如此,它和当时中国的国情结合得不密切,有脱离实际的弊端。但它毕竟是中国历史上第一部民法典草案,对以后民国时期民事立法产生了深远的影响。

---

① 张晋藩. 清朝法制史[M]. 北京:法律出版社,1994:704.

四、鸦片战争后的其他法典

1908 年，清王朝颁布了第一部成文的宪法性文件——《钦定宪法大纲》。共 23 条，分"君上大权"和"臣民权利义务"两部分。前者为正文，共 14 条，后者是附录，共 9 条。它以根本法的形式确认了 1889 年《大日本帝国宪法》所确立的、带有浓厚封建色彩的二元制君主立宪制（二元君主制）、半殖民地半封建国家所特有的封建买办性，同时又是带有一定西方资产阶级民主色彩的宪法性文件。它删去了日本宪法中关于限制天皇权力的条款，使君权更加漫无限制。《钦定宪法大纲》以法律的形式规定了君上（君主）大权，意为皇权由法定，再把臣民的权利义务作为附则，表现了清朝统治者重君权（国权）、轻民权的一贯性，但它在中国法律史上第一次明确规定了臣民的权利和义务，这对于开启民智、培养近代的法律意识具有一定的意义。

《钦定宪法大纲》所确立的君主立宪政制在当时的历史条件下，不失民主政治的成分，对当时人民的思想起到不少冲击。但它未给人民带来民主权利，只是使君权宪法化，因而激起朝野不满，立宪派也大失所望。梁启超认为，该宪法大纲是"徒饰耳目，敷衍门面"。

《钦定宪法大纲》虽带有浓厚的封建性，但与旧有的传统法典有所不同，除打破了中华法系的传统结构，使宪法作为根本大法独立于刑法、民法等普通法律之外，还规定了国家与社会制度的基本原则。

第四节　清代的经典案例

一、《明史》案

（一）案例原文

明相国乌程朱文恪公国桢尝作《明史》，举大经大法者笔之，刊行于世，谓之《史概》，未刊者为《列朝诸臣传》。明亡后，朱氏家中落，以稿本质千金于庄廷龙。廷龙家故富，因窜名于中，攘为己作，刻之，补崇祯一朝事，中多指斥本朝语。（或谓庄目双盲，以史迁有左丘失明乃著《国语》之说，日夜编辑为明书。及死，无子，其父允城流涕曰："吾哀其志，当先刻其书。"遂梓行之，号曰《明书》。然此非实事也。）

康熙癸卯，归安知县吴之荣罢官，谋以告讦为功，藉此作起复地，白其事于杭州将军松魁。魁咨巡抚朱昌祚，昌祚牒督学胡尚衡，廷龙并纳重赂以免，乃稍易指斥语重刊之。之荣计不行，特购初刊本上之法司，事闻，遣刑部侍郎出谳狱。时廷龙已死，戮其尸，诛其弟廷钺。旧礼部侍郎李令晳尝作序，亦伏法，并及其四子。令晳幼子年十六，法司令其减供一岁，则得免死充军，对曰："予见父兄死，不忍独生。"卒不易供而死。

序中称旧史朱氏者，指文恪也。之荣素怨南浔富人朱佑明，遂嫁祸，且指其姓名以证，并诛其五子。魁及幕客程维藩械赴京师，魁以八议仅削官，维藩戮于燕市。昌祚、尚衡贿谳狱者，委过于初申覆之学官，归安、乌程两学官并坐斩，而昌祚、尚衡乃幸免。湖州太守谭希闵莅官甫半月，事发，与推官李焕皆以隐匿罪至绞。浒墅关榷货主事李希白闻阊门书坊有是书，遣役购之，适书贾他出，役坐于其邻朱家少待之，及书贾返，朱为判其价。时希白已入京，以购逆书立斩，书贾及御斩于杭，邻朱某者，因年逾七十，免死，偕其妻发极边。归安茅元锡方为朝邑令，与吴之镛、之铭兄弟尝预参校，悉被戮。时江楚诸名士列名书中者皆死，刻工及鬻书者同日刑。惟海宁查继佐、仁和陆圻当狱初起时，先首告，谓廷龙慕其名，列之参校中，得脱罪。是狱也，死者七十余人，妇女并给边。时五月二十六日也。

或曰死者二百二十一人。卷端罗列诸名士，徒欲借以自重，泰半不与编纂之役。盖浙之大吏及谳狱之侍郎，鉴于魁之被祸，且畏之荣复有言，虽有冤者，不敢奏雪也。之荣卒以此起用，并以所籍佑明之产给之，后仕至右佥都。

顾亭林于是书则曰："不甚通晓古今，冗杂不足道也。"又曰："余一至其家，薄其人不学而去，是以不列名获免。"有周恭先者，既受聘矣，以他事为庄所摈，亦免于难。

庄氏及参订诸人系武林军狱时，虽受桎梏之苦，满洲将军佟某颇加防护，饮食供奉无或缺，尚得以诗歌相倡和。就刑时，诸人有作绝命词，佟命搜其遗草摹刻之，共六石，后惟廷鋆一石存焉。廷鋆，字美三，廷龙兄也，有"豚犬纵难全覆卵，糟糠岂罪及然萁""一气潮回江上月，全家泪洒武林春"等句。廷钺，字佐璜，才华最富，七岁能诗，著有《百尺楼诗稿》。有"梼杌有名终累楚，鸱夷无后可留齐"之句，罹祸时年二十四也。吴江潘力田、吴愧庵炎在狱时，潘赋诗云："抱膝年来学避名，无端世网忽相婴。望门不敢同张俭，割席应知愧管宁。两世先畴悲欲绝，一家累卵杳难明。自怜腐草同湮没，漫说雕虫误此生。""吴关一路作羁累，林棘庭前听五词。已分残形轻似叶，恰怜卫足不如葵。下堂真愧先贤训，抱璧几同楚客悲。纵使平反能苟活，他年应废《蓼莪》诗。""圜土初经二月春，熏风又到絷维身。流萤夜度绨袍冷，采蕨朝供麦饭新。敢望左骖归越石，还期转佩似灵筠。多情最是他乡侣，闲谱龟兹慰苦辛。""阅历风霜只自疑，难将身世问时宜。穷愁只合吾侪事，姓氏羞为狱吏知。见成书刑铸鼎，不闻有楚召胥靡。南山此去躬耕好，未可重题酒后诗。"

书中所云王某孙婿即德祖，所云建州都督即太祖也，而皆直书其名。

又云"长山衄而锐士，饮恨于沙磷；大将还而劲，卒销亡于左衽，如此之言，散见于李如柏、李化龙、熊明遇传中，又指孔有德、耿精忠为叛。且自丙辰迄癸未，俱不书在关外之年号，而于隆武、永历之即位正朔，必大书特书，其取祸之端有如此。①

（二）案情解读

明末大学士、首辅朱国桢曾经著有《明史》一部，除《列朝诸臣传》外，均已刊行于世。明亡以后，朱氏家道中落，便将书稿卖给庄廷龙。庄廷龙聘请了一批江浙学者，对尚未刊刻的《列朝诸臣传》等稿本进行重编，并增补了天启、崇祯两朝史事，辑成《明史辑略》。编纂完成后，庄去世。其父庄允城为遂子遗愿，请闲居在家的前明礼部主事李令哲作序后，作为庄廷龙的著作刊刻，于顺治十六年（公元1659年）冬正式在书坊出售。书中多有指斥满人之语，如称清先祖和清兵为"贼"，对清室先世直呼其名，不加尊称等。当时，吴兴知县吴之荣因贪赃获罪，赦免后闲居，为图再起，谋以告讦邀功。他于顺治十八年（公元1661年）七月向镇浙将军松奎告发此事。松奎将此事转告浙江巡抚朱昌祚，朱下文由湖州学道胡尚衡处理。庄氏闻讯后，一边向有关官员行贿，一边请松江提督梁化凤向松奎说情，使事情暂告平息。吴之荣因触怒庄氏，被巡道派兵递送出境。吴之荣恼羞成怒，于康熙元年（公元1662年）初冬，转购得庄氏初刻《明史》本，并将其直接上至刑部，告发庄氏"私编明史、毁谤朝廷"，犯禁者有三：一是该书在提到清朝祖先时直呼其名；二是用南明年号，不用清朝年号；三是该书指责明朝降清的大将为背叛等。朝廷震怒，执掌大权的顾命四大臣随即指派刑部侍郎等满族大员赴杭办案。凡参加庄氏《明史辑略》整理、润色、作序的人及其姻亲，无不被捕，每逮一人，则全家老小男女全部银铛入狱。与此书相关的写字、刻版、校对、印刷、装订、购书者、藏书者、读过此书者，莫不株连。最多时收监达两千余人。当时庄廷龙已死，朝廷仍下令戮其尸。庄廷龙之弟庄廷钺被诛，庄家十六岁以上男子皆斩，妻女发配边远地区。为此书作序的前明礼部主事李令哲及其四子被处死。"时江楚诸名士，列名书中者皆死。"湖州太守谭闵也因隐匿罪被绞。至结案时，该案牵连致死者共七十多人，其中十八人被凌迟处死，发送边远之地者达数百人。告发者吴之荣如愿以偿，不仅受到奖励发了财，而且还升了官，后来竟当上了"右佥都"。康熙二年（公元1663年）之庄廷龙《明史》案，是康熙朝首例"文字狱"，也是清朝规模最大的"文字狱"，还是清初第一大案。此案开了清代利用"文字狱"陷害他人之先河。

（三）评析

历史证明，以残酷的刑罚加强思想控制是专制政权的共同特征，集权者为了长期维护自己的极权统治，都积极奉行愚民政策，不允许人民有思想言论的自由。康

---

① 徐珂. 清稗类钞·狱讼类[M]. 北京：中华书局，1984.

熙二年庄廷龙《明史》案是康熙朝首例"文字狱"，此后，清代"文字狱"十分泛滥，著名的如南山集案、查嗣庭狱、吕留良案、尹家圳案、胡中藻案等。清代"文字狱"对当时乃至后世所造成的社会影响是恶劣而深远的：第一，清代"文字狱"是中国文化的又一次大浩劫，很多珍贵的文化典籍被付之一炬。清代的焚书、毁书规模超过了秦始皇的焚书活动，使中国的文化典籍遭到了最为严重的破坏；第二，"文字狱"的兴起，造成了文化恐怖，使知识分子动辄得咎，人人自危。梁启超在《清代学术概论》中说："文字狱顿兴，学者渐惴惴不自保，凡学术之触时讳者，不敢相讲习。"为了避开"文字狱"的陷害，清代学者们开辟了一个新的学术领域——考据学。学者们除了从事考古活动以外，其他学术问题大都不敢涉及。这严重限制了人们的思想，在学术界造成了许多禁区①。

二、受钱私和案

（一）案情概览

本案发生于乾隆四十四年（公元 1779 年），浙江的宋尚佩因事将徐仲诗殴打致伤，后因伤重不治而死，宋尚佩害怕被官府追究，因此向徐父徐允武提出赔偿，希望徐家不要告官。徐允武接受了宋尚佩的钱财后，不再告官，私下与宋尚佩和解。后来，死者的弟弟徐仲威从外面回家，得知此事后，不想和解，打算到官府控告。于是，他请托曹献卿帮他代写讼词。根据清代法律规定，受钱私和是要治罪的，因此为了替其父孙允武开脱受钱之罪，徐仲威在诉状中只控告知县改案做假，不提接受钱财私自和解一事。浙抚对此案重新审理后，查明了事实真相，将宋尚佩判绞监候。而且认为死者父亲私和子命，得银五十两，虽然次子徐仲威告发，但是并没有把所受银两自首退回，故依照"尸亲得财私和人命准枉法，罚四十五两，流两千里，无禄人减一等杖一百，徒三年"的法律规定对徐允武进行处罚。徐仲威告官改供弄假，按律应治罪，不过他所控告的胞兄被宋尚佩打死属实，照律免罪。案情上报后，有司认为，该抚对各犯罪之人以律判罪本无不当，但此案属于父子兄弟之案，并非寻常普通案件可比，必须权衡情法伦理。经权衡情法后，徐允武免于惩罚，徐仲威被判杖一百，徒三年。②

（二）评析

在古代中国，宗法血缘关系对于社会各方面有着强烈影响，形成了家国一体、家国同构的独特体制。随着儒家思想被确立为国家的正统思想，法律儒家化进程开始，儒家的纲常伦理学说不仅是法制建设的理论基础，也是封建法典的主要内容，从而形成了中国独特的法律与道德密切结合的伦理法。它既是中华法系基本的构成

① 吴丽娟，杨士泰，等. 中国法制史案例教程[M]. 北京：中央广播电视大学出版社，2007：244.
② 郭成伟，肖金泉. 中华法案大辞典[M]. 北京：中国国际广播出版社，1992：695.

因素，也是最足以反映中华法系特征的部分。《大清律例》中有关受贿私和、干名犯义、子孙控告尊长等规定，反映了封建社会末期，礼所肯定的纲常名教仍然是中国古代立法和司法的指导思想。

伦理法产生于小农经济形态之中，在古代社会前、中期，对于维护社会稳定、家族和睦、政权稳定确实起到了积极作用。但是人类社会是不断向前发展的，注定要逐渐摆脱农业文明而进入工业文明时代。清朝所处的时代，世界已经开始向近代社会转变，中国若仍然继续坚持这种伦理法，只会延缓中国社会的发展进步。

三、魏元起自首案

（一）案例原文

北抚题：魏文起等抢卖吴女，魏元起等闻拿投首，并指报魏文起藏匿处所，被获各照例减等定拟一案。奉堂批：魏元起系自首，因得减罪，并非专为出首，伊兄何以宽及，魏文起是以一人出首兼行两例也。遵查律载：本犯因问被告之事，不加拷讯，又自别言诈欺等事，止科见问罪名，免其余罪。又得相容隐亲属，彼此诘发，互相告言，各听如罪人身自首法等语。此案魏元起随从伊兄魏文起抢卖吴女，被控差缉。该犯魏元起闻拿畏惧，赴县投首。如仅止供明实情，并未指报伊兄魏文起藏匿处所，或经官拷讯，追问伊兄下落，始据报出，将魏文起拘获到案，自不得以亲属为之首得同自首法。今魏元起赴案投首，即将伊兄魏文起现在万家堝地方，得以差拘到案。是该犯一事同首两事，即可照律分免两人。该抚将魏文起照例减等拟遣，核与律意相符，似应照覆。嘉庆十二年说帖。

（二）案情解析

嘉庆十二年，魏文起与其弟魏元起等一起抢卖吴女，被控告到官府而遭到通缉。魏元起得知自己被通缉后，很是害怕，因此主动到县自首。在自首时，官府并未问及的情况下，魏元起主动交代其兄魏文起藏匿之处，从而使魏文起被抓获归案。最后，官府以魏元起、魏文起俱系自首，按律各对其减等治罪。[①]

（三）评析

自首制度作为刑罚的一项基本制度，虽然在不同时期、不同集团有所区别，但就自首制度的本质和功能而言，却具有内在恒定性。中国古代对于自首的罪犯予以从宽处理，一方面有利于分化瓦解犯罪势力，感召、激励和促使犯罪分子悔过自新；另一方面也有利于及时发现犯罪，可以减少破案成本，同时达到惩处和预防犯罪的双重社会效果。此外，自首制度也可以提高司法效率，如减少司法物质投入、缩短诉讼周期、迅速侦破案件、及时判处刑罚等。在"明德慎罚"的正统法律思想和民

本思想的指导下，自首制度表明中国古代刑罚并非一味追求应刑主义和重刑主义，而是有着文明和进步的一面。

必须注意，中国古代自首奉行"重思想、轻行为"的原则，如"诸犯罪未发而自首者，原其罪"，即无论身犯何罪，只要是犯罪未发，只要是大清律没有规定，原则上都可以适用自首制度而获免罪。但不同罪行的社会危害性明显不同，而大清律不加分辨地将自首后的犯罪人免罪，其"重思想、轻行为"的原则可见一斑。另外，对于"知人欲告"而自首规定不能免罪，只能减刑，原因归结于行为人在这种情况下没有悔过之心，则从反面强调了对行为人思想的重视。

四、杨乃武与小白菜案

此案为清末四大奇案之一。杨乃武是浙江余杭县的举人。小白菜名叫毕秀姑，是余杭县城内一家豆腐店伙计葛品连的妻子，因其容貌秀丽，皮肤白净，常穿一件绿色衣服，系一条白围裙，故人称"小白菜"。起初，葛品连、小白菜夫妇租住杨乃武家的房子，葛、杨两家成为邻居。小白菜常去杨家，杨乃武也抽空教小白菜识字、诵经。后来葛品连怀疑妻子与杨乃武关系暧昧，但却未抓住把柄。葛品连的母亲也乘机挑衅，经常对外人说起此事，一时闹得满城风雨。杨乃武为避嫌就提高房租，让葛家搬走。两家断绝了来往。同治十二年（公元1873年）闰六月，葛品连迁新居，不久其旧病复发，忽冷忽热，从豆腐店回家的路上又吃了个粉团，食后呕吐，脸色发青，到家后连声喊冷，倒床便睡。当天深夜，侍候在旁的小白菜因听到葛品连喉咙作响，忙上前察看，只见他口吐白沫，不省人事。经医生诊断为"痧症"，因医治无效，不久去世。谁想穿寿衣时，葛品连下半身红肿，口鼻流少许血水。其母便以儿子死因不明，怀疑儿媳小白菜谋杀亲夫为由向余杭知县控告。由于官府派人验尸误认为葛品连是中毒死亡，经审讯，小白菜屈打成招，供认与杨乃武有奸情，杨送其砒霜，合谋毒死亲夫。后经府、省两级审讯，杨乃武也屈打成招，含冤诬服。于是，杨乃武、小白菜合谋杀人案定罪，处以死刑，申报中央刑部。杨乃武在死牢中亲笔书写辩状，请其姐代为呈诉。后来，杨乃武的姐姐、妻子两次赴京城申控，众京官联名上奏朝廷，建议由刑部亲自审理此案，慈禧太后恩准。经刑部审讯查证，并开棺验尸，验明葛品连并非中毒而是因病死亡。光绪三年（公元1877年）二月，经"三法司"会审，杨乃武、小白菜无罪释放。至此，长达三年之久的冤案终于昭雪平反。此案在清末民初流传甚广，一百多年来，以之为题材编成各种戏剧演唱，几乎是家喻户晓。①

本案开始之所以形成冤案，主要原因是清末刑讯逼供的残酷。刑讯逼供、屈打

---

① 武树臣. 中国传统法律文化辞典[M]. 北京：北京大学出版社，1999：342.

成招成为传统定罪量刑之顽疾，严重威胁到司法的公平正义。此外刑讯成风也是司法技术和文明落后的体现，轻程序、重实体，又缺乏先进有效的刑侦手段，则必然会导致刑讯逼供的盛行。

五、天津教案

此案发生在同治九年（公元 1870 年）四月。天津奸民张拴、郭拐以妖术迷拐人口，为知府张光藻、知县刘杰擒获伏诛。桃花口民团复获迷拐李所之、武兰珍送县，供称受迷药于教民王二。于是民间盛传天主教堂遣人迷拐小孩，挖眼剖心，作点银和药之用，又传义冢内尸骸暴露者皆教堂所弃，民情激愤。五月二十三日，三口通商大臣崇厚及天津道周家勋等往会法国领事丰大业。丰大业带武兰珍赴堂指勘所历地方房屋，兰珍语多支离，与原供不符，遂不能定案。崇厚遂回署。当时士民观者甚多，偶与教堂人争吵，即以砖石互相抛击，崇厚遣人弹压无效。丰大业素轻崇，即亲赴崇处，责崇宽纵，并向崇厚放枪恫吓，崇避入内庭。时民众聚集益众。知府张光藻、知县刘杰均出城弹压，民众稍缓。刘杰至东关浮桥，与丰大业相遇，丰拔出手枪击杰，打伤杰的从人。民众群情激愤，将丰大业打死并鸣锣集众，乘势焚毁河楼教堂等数处，拆毁东门外仁慈堂，杀伤教民及贞女数十人，又误杀俄国商人三名，毁英美讲堂各一所。清廷派直隶总督曾国藩与崇厚会商办理此案，后曾国藩调任两江总督，李鸿章接任直隶总督，与曾国藩协同处理。最后，清帝发布圣旨："陈国瑞（曾帮助天津士民，法国公使要求清廷惩办）与津案无干，无容复办。张光藻、刘杰着从重改发黑龙江效力赎罪。其滋事人犯冯瘸子等十五名及续获之刘二等五名，即行正法。小锥、王五等二十一名，及续获之邓老四等四名，分别发配安置。教堂洋楼许为修造（计银二十一万两），所杀领事及英法各国人尝以殡葬银两（二十五万两）。崇厚着即期放洋，前赴法国，以办理此案节略照会法外部，表明惋惜。"[①]

天津教案两方虽存在误解和过错，却是清末百姓和洋人之间酝酿已久矛盾的体现和爆发。教案的经过和处理充分表现出洋人的凶悍嚣张和清政府的软弱妥协，在清末主权沦丧、司法落后的背景下，官民百姓很难实现真正意义上的公平正义，司法往往深受政治活动和中外各方势力的干涉影响而难以有效发挥作用。

---

① 郭成伟. 肖金泉. 中华法案大辞典[M]. 北京：中国国际广播出版社，1992：821.

后　记

本教材为南开大学法学院与南开大学出版社签约出版的"法学案例系列教材"之一。

本教材总体思路和基本框架结构由南开大学法学院教授于语和拟定。具体内容分别由王胜利（法律硕士，南开大学医学院讲师）、闫夏（法学硕士，天津市公安警官职业学院讲师）、刘顺峰（法学博士，湖南师范大学法学院副教授）、刘佳（法学博士，中伦文德（天津）律师事务所律师）、余同怀（法学博士，安徽理工大学马克思主义学院副教授）、秦启迪（法学博士，河海大学法学院讲师）、张文河（法律硕士，河北省邯郸市律师协会会长、律师）、宋甜甜（法律硕士，山东潍坊银行股份有限公司法律合规部）等撰写。王胜利、闫夏协助于语和参加全书的统稿、修改工作。

本教材的出版得到了南开大学法学院和南开大学出版社领导、同志们的支持和帮助，出版社的王乃合、周敏编辑出力尤多。本教材的撰写参考、征引了法学和史学两界前辈和时贤的大量成果。特别是案例及评析部分，重点引用了吴丽娟、杨士泰编著的《中国法制史案例教程》一书。南开大学法学院 2017 级法律史硕士研究生崔明轩同学（现为南京大学法学院博士生）在核对资料、修改格式等工作上付出了诸多努力。在此一并表示衷心的谢意。

本教材属于资料性书籍，征引、译介了大量的典章史籍，作者功底有限，肯定有许多错讹之处，深祈方家通人批评指正。

作者

2020 年 10 月